CLARA MARÍA ARRANZ HIERRO

BENEDICTO XVI Y LA CONCIENCIA
LA OBJECIÓN ANTE LA LEY INJUSTA

didaskalos

Imagen de cubierta: Imagen de Benedicto XVI

Primera edición: febrero 2025

Autora: Dra. Clara María Arranz Hierro

Impreso en España. Printed in Spain
Depósito legal: M-5929-2025
ISBN: 978-84-19431-52-3

Maquetación: Juan Carlos Adame
Impresión y encuadernación
 Editorial Didaskalos
 Valdesquí 16, Madrid 28023

Índice

"El enmudecimiento de la conciencia se convierte en deshumanización del mundo"[1].

Benedicto XVI.

---

[1] RATZINGER, J., "Si quieres la paz, respeta la conciencia de cada hombre. Conciencia y verdad", en *Verdad, valores, poder: piedras de toque de la sociedad pluralista*, Rialp, Madrid, 1998, p. 55.

1.

Introducción

El punto de partida de estas páginas es la vigencia de normas injustas, una situación que entraña una profunda subversión del bien común y que, por lo tanto, debería suscitar la preocupación de todo ciudadano. Desgraciadamente, este fenómeno ocurre con relativa frecuencia en el contexto político y jurídico de nuestro país. Así, en ocasiones se promulgan normas profundamente alejadas de la noción de Justicia que el Derecho pretende salvaguardar y, paradójicamente, adquieren fuerza obligatoria y plenos efectos jurídicos tan solo por haber sido tramitadas conforme a los procedimientos legales establecidos, incluso en asuntos tan esenciales como la vida o la muerte.

Ante esta realidad, surgen varios interrogantes: ¿qué respuesta debemos ofrecer frente a una norma que se presenta, a todas luces, como injusta? ¿Es la objeción de conciencia la reacción moral y jurídicamente apropiada? ¿Debe el ordenamiento jurídico reconocer y garantizar esta u otras herramientas para hacer frente a los dilemas morales que puedan surgir en los destinatarios de las normas? Y, de ser así, ¿con qué límites? ¿No supondría esto un socavamiento del propio ordenamiento jurídico e incluso del orden social?

El propósito de esta obra es reflexionar sobre el papel que desempeña la conciencia en situaciones como la descrita –ejemplificada, en particular, en las leyes orgánicas reguladoras de la eutanasia[2] y del aborto[3]–, con el fin de tratar de comprender y fundamentar la figura filosófico-jurídica de la objeción de conciencia. Este estudio se lleva a cabo desde la perspectiva de Joseph Ratzinger (Benedicto XVI), reputado filósofo y teólogo que dedicó parte de su actividad investigadora y de su magisterio pontificio a ahondar precisamente en la cuestión de la conciencia.

---

[2] https://www.boe.es/diario_boe/txt.php?id=BOE-A-2021-4628
[3] https://www.boe.es/buscar/act.php?id=BOE-A-2010-3514

Punto de partida: la objeción de conciencia como posible reacción moral ante la ley injusta

2.1. La escisión entre lo justo y lo jurídico

La ley[4] es un instrumento del derecho, su concreción en una comunidad política específica, que aparece revestida de una característica esencial: la obligatoriedad para sus destinatarios[5].

---

[4] Norma jurídica es un término más amplio que el de ley, pues incluye todo mandato jurídico. La ley es promulgada por el poder legislativo y ostenta una prevalencia jerárquica respecto de otras normas, como los reglamentos o los decretos-leyes, emanados del poder ejecutivo. En el presente estudio nos referiremos específicamente a las leyes y no a otra clase de normas.

[5] Dispone el artículo 6 del *Código Civil*, aprobado por *Real Decreto de 24 de julio de 1889*, que "la ignorancia de las leyes no excusa de su cumplimien-

El derecho al cual la ley sirve ha sido definido según el clásico aforismo romano como *"ars boni et aequi"*[6], lo que nos lleva, a su vez, a la pregunta por lo justo. De nuevo es la jurisprudencia romana –que, a nuestro juicio, ha alumbrado con acierto insuperable las grandes cuestiones jurídicas– quien afirma: *"iustitia est constans et perpetua voluntas ius suum cuique tribuendi"*[7]. Es decir, la realización de la justicia requiere no solo de la intervención de la voluntad del legislador (*"constans et perpetua voluntas"*), sino que precisa, además, de un acto previo de conocimiento encaminado a determinar qué es, respecto de los sujetos obligado por la ley, lo *suyo*[8], lo que les es debido en justicia.

Legislar se convierte así en un hábito compuesto de auténticos actos libres, en cada uno de los cuales concurren la inteligencia y la voluntad del legislador ordenadas a un fin concreto: la consecución de la justicia. No olvidemos, por otra parte, que el poder legislativo[9] es uno de los engranajes esenciales de la po-

---

to". De esta enunciación se infiere como principio general la obligatoriedad de cumplir las leyes.

[6] *Digesto* 1, 1, 1 (Ulpiano). La versión consultada es la de JUSTINIANO, *Cuerpo del Derecho Civil Romano*, GARCÍA DEL CORRAL, I. (trad.), Consejo de Ciento, Barcelona, 1889.

[7] *Ibid.*, 1,1, 10 (Celso). Podemos traducirlo como la "constante y perpetua voluntad de dar a cada uno lo suyo".

[8] A este respecto se pronuncia BLANCH NOUGUÉS, J. M., en *"Ius, iustitia* y persona: a propósito de la pregunta antropológica"*, Revista General de Derecho Romano, vol. 10, 2008, pp. 10-11: "el criterio de 'dar a cada uno algo' (...) presenta dos rasgos que caracterizan sin duda la actividad de los juristas romanos: la alteridad del derecho y la idea de que la labor de los juristas consiste en identificar los criterios por los que se opera un reparto de objetos exteriores –*res* exteriores– (idea esta que va a desarrollar con posterioridad santo Tomás)".

[9] Cfr. MONTESQUIEU, *El espíritu de las leyes*, Librería General de Victoriano Suárez, Madrid, 1906, libro XI, capítulo VI, p. 227: "Hay en todos

lítica y que, para desempeñar bien la función que le es esencial, quien lo ostenta ha de procurar el bien común[10] y no moverse por cualesquiera otros intereses[11].

Nos hallaríamos ante una ley justa siempre que el legislador se condujese de este modo: en un nivel especulativo, si estuviese abierto a conocer la realidad de las personas para cuyo bien se dictan las leyes; si asumiese que es dicha realidad –y no otros elementos– la que ha de constituir el centro de la norma; y, por último, en un nivel más práctico, si buscase adecuar a la realidad conocida el texto de la ley en cuestión, de tal manera que esta verdaderamente pueda dar "lo suyo" –su derecho– a los destinatarios de la misma, consiguiendo así una justicia material.

De este modo, solo desde una postura de realismo metafísico y gnoseológico[12] –que cree en la posibilidad de conocer la verdad y asume que esta no tiene por centro al hombre sino la realidad de las cosas– es posible trascender el propio interés para dictar una ley justa; y, merced a ello, lograr una justa ordenación política.

Sin embargo, la irrupción del positivismo jurídico a finales del s. XIX, representado eminentemente por Hans Kelsen, trajo consigo la desconexión de la justicia y el derecho, de la moralidad

---

los Estados tres especies de poder: el legislativo, el de ejecutar aquello que depende del derecho de gentes y el de ejecutar lo que depende del derecho civil. (...) Este último debe llamarse poder judicial y el otro simplemente poder ejecutivo del Estado".

[10] SANTO TOMÁS DE AQUINO, *Suma de Teología*, I-II, *quae.* 90, art. 2.

[11] Cfr. ARISTÓTELES, *Política*, Biblioteca Clásica Gredos, Madrid, 1988, Libro III, 1279a11.

[12] LLANO, A., *Gnoseología*, Ediciones Universidad de Navarra, Pamplona, 1991, particularmente las pp. 22 y 120.

y la legalidad, de tal modo que decir "ley" o, más genéricamente, "norma"[13] ya no supone necesariamente decir "justicia"[14]. El dualismo que propugna esta corriente filosófico-jurídica, en primer lugar, ha hecho posible lo que en el plano lógico sería una incongruencia insalvable: la promulgación de leyes manifiestamente injustas y negadoras de un Derecho natural que debiera operar, si no como inspiración, cuando menos como límite del Derecho positivo. En segundo lugar, ha convertido en contingente y vaciado de sentido cualquier reflexión sobre la justicia.

Por el contrario, en las corrientes filosóficas previas al positivismo, las leyes injustas que pudieran existir se dictaban en un contexto en el cual la noción de justicia no era indiferente, sino que constituía el ideal del legislador.

A consecuencia del positivismo, firmemente enraizado hoy en la mayor parte de los sistemas jurídicos occidentales, las normas vigentes obedecen más a razones de utilidad o de interés político que de justicia material. En este sentido, en el procedimiento legislativo español de los últimos lustros hemos constatado a menudo que el legislador ha tratado de imponer una idea a la sociedad prescindiendo de la realidad circundante.

Con independencia de cuál sea la fundamentación moral que se aduzca por parte del legislador injusto –v. gr., la moral de la situación, la tesis sobre la opción fundamental o el proporcionalismo[15], teorías en las cuales no podemos detenernos

---

[13] Nos remitimos a la nota al pie número 4.

[14] Cfr. KELSEN, H., *Teoría pura del Derecho*, Eudeba, Buenos Aires, 2009, p. 49.

[15] Cfr. SCHOOYANS, M., "Objeción de conciencia en materia de salud: el caso de los políticos", en CONSEJO PONTIFICIO PARA LA FA-

por exceder el objeto de este estudio–, lo cierto es que, cuando se promulga una ley injusta, a la quiebra del ideal moral de la justicia se suma la pérdida de *auctoritas* de quien la promueve: la norma, emanada de aquel que solo puede hacer uso de una *potestas* coactiva, posee una menor eficacia real[16].

Esta inversión de los términos del proceso de conocer (idea-ley-aplicación *versus* realidad-ley-aplicación) quebranta en último término la finalidad propia del derecho, que se crea "*hominum causa*"[17], por razón de los hombres, como herramienta para una consecución efectiva de la justicia.

MILIA, *Lexicón. Términos ambiguos y discutidos sobre familia, vida y cuestiones éticas*, Palabra, Madrid, 2004, pp. 892-893. El autor comenta, haciéndose eco de la encíclica *Veritatis splendor*, que "estas morales (…) tienen unas repercusiones considerables sobre la moral política. Varios políticos se valen de ellas para intentar 'justificar' la desconexión muy maniquea entre el creer y el actuar". Añade en la p. 894 que todas ellas "presentan ese rasgo común de potenciar (...) la ética de la responsabilidad, tal y como la considera Max Weber. Esta ética es una de las expresiones, en política, del relativismo moral. La ética de la responsabilidad es, en definitiva, la ética de los señores que apuntan a la eficacia a cualquier precio. (...) Según esta ética maquiavélica y cínica, el hombre político solo tiene que rendir cuentas a él mismo; debe, como se dice, asumir sus actos él solo; no tiene que responder de nada ante nadie". Las corrientes descritas tienen en común "la referencia a la autonomía absoluta del sujeto cada vez que este tiene que tomar una decisión moral".

[16] Así lo considera, por ejemplo, MACIOCE, F., en "La objeción de conciencia", VV. AA., (Ed. AYUSO, M.), *Estado, ley y conciencia*, Marcial Pons, Madrid, 2010, p. 181, quien sostiene que la absolutización de la subjetividad en el ámbito normativo va aparejada de una "pérdida de la importancia de la normatividad en el interior", y de "una situación en la cual el derecho resulta aceptable por los destinatarios solo en cuanto corresponde a sus deseos, a su perspectiva axiológica, a su utilidad personal".

[17] El aforismo clásico, contenido en *Digesto* 1, 5, 2 (Hermogeniano), reza así: "*omne ius hominum causa constitutum est*".

Por tanto, la pregunta por la verdad (cómo conocer la verdad de la realidad y cómo adecuar a ella la actividad normativa) es esencial en la función legislativa, que, sin ella, pierde su esencia y se subvierte. Dicho de otro modo, solo desde una postura de realismo metafísico y cognoscitivo puede legislarse de forma justa.

Cuando el derecho se escinde de la verdad de forma deliberada –y, por ende, de la justicia– no puede recurrir, para fundamentar su validez, a otro recurso que sí mismo, por lo que el cumplimiento de las normas por parte de los ciudadanos depende únicamente de la capacidad coactiva de los poderes públicos. En este panorama –sostiene Macioce–, "el derecho no tiene ninguna posibilidad teorética de asumir como propio ningún valor, y por ello no puede hacer otra cosa que tolerarlos todos, limitándose a una mera y silenciosa función de coordinación"[18].

De lo expuesto hasta ahora se puede asimismo inferir el daño que ha provocado al ámbito del derecho el criticismo[19], doctrina filosófica moderna que postula la primacía ontológica del conocimiento respecto de la realidad. La duda generalizada acerca de la posibilidad de conocer la verdad, que conduce rápidamente a una indiferencia personal respecto de ella en términos prácticos, y culmina en el afán de imponer las propias ideas, ha posibilitado que entren a formar parte del ordenamiento jurídico español auténticas leyes injustas. En este fenómeno, que podría describirse como triunfo del *anti-derecho*,

---

[18] MACIOCE, *Op. Cit.*, p. 182.
[19] Cfr. LLANO, *Op. Cit.*, pp. 11-17.

"el concepto de verdad ha sido prácticamente abandonado y sustituido por el de progreso"[20]. Tras el denominado 'giro copernicano' de la modernidad, consistente en el antropocentrismo del pensamiento, se ha producido un "segundo giro copernicano"[21] en virtud del cual "la verdad, lo absoluto, el punto de referencia del pensamiento ha dejado de ser ni siquiera evidente"[22].

El fundamento actual de muchas normas, como tendremos ocasión de analizar con detalle más adelante, es la autonomía de la voluntad subjetiva. La verdad ha quedado desplazada y, con ella, la esperanza en la justicia objetiva de la ley. El mismo Benedicto XVI afirmaba, antes de ser Pontífice:

"Si echamos ahora una breve ojeada a la época moderna, nos encontramos enfrentados a una dialéctica que perdura hasta hoy. Por una parte, la modernidad se jacta de haber descubierto la idea de los derechos humanos como inherentes a todo derecho positivo, y de haber proclamado esos derechos en declaraciones solemnes. Por otra parte, los derechos reconocidos en teoría nunca han sido tan profunda y radicalmente negados en la práctica. Las raíces de esta contradicción hay que buscarlas

---

[20] RATZINGER, J., "Si quieres la paz, respeta la conciencia de cada hombre. Conciencia y verdad", en *Verdad, valores, poder: piedras de toque de la sociedad pluralista*, Rialp, Madrid, 1998, p. 61.

[21] Sin embargo, el propio Benedicto reclama que "el antropocentrismo que caracteriza a la modernidad no puede separarse jamás de un reconocimiento de la plena verdad sobre el hombre, que incluye su vocación trascendente" (BENEDICTO XVI, *Discurso a los participantes en el encuentro europeo de profesores universitarios*, 23 de junio de 2007, p. 2).

[22] RATZINGER, J., "Si quieres la paz, respeta la conciencia de cada hombre. Conciencia y verdad", en *Verdad, valores, poder: piedras de toque de la sociedad pluralista*, Rialp, Madrid, 1998, p. 61.

en el vértice de la época moderna. (...) Según la Ilustración, la razón debe emanciparse de todo vínculo con la tradición y la autoridad: la razón únicamente remite a sí misma. Acabará así por concebirse como una instancia cerrada, independiente. La verdad dejará de ser un dato objetivo, que se muestra a todos y cada uno, también a través de otros (...) La misma verdad del bien se vuelve inalcanzable"[23].

2.1.1. *Las posibles reacciones ante la ley injusta vigente*

Una vez emanada del poder legislativo una norma injusta, nos debemos preguntar qué actitud tener frente a ella. La encíclica *Evangelium vitae* describe con gran acierto esta disyuntiva:

"La introducción de legislaciones injustas pone con frecuencia a los hombres moralmente rectos ante difíciles problemas de conciencia en materia de colaboración, debido a la obligatoria afirmación del propio derecho a no ser forzados a participar en acciones moralmente malas"[24].

Una primera reacción posible, en el marco de la democracia representativa propia del actual sistema político español (regulada en el artículo 23 de la Carta Magna), consiste en evitar en lo porvenir, en el ejercicio del sufragio activo, que los partidos que promulgan leyes injustas vuelvan a detentar un poder que han demostrado no ejercer para el bien común.

---

[23] RATZINGER, J., *El elogio de la conciencia. La Verdad interroga al corazón*, Palabra, Madrid, 2020, p. 40.

[24] JUAN PABLO II, *Carta Encíclica Evangelium Vitae a los a los obispos, a los sacerdotes y diáconos, a los religiosos y religiosas, a los fieles laicos y a todas las personas de buena voluntad sobre el valor y el carácter inviolable de la vida humana*, 25 de marzo de 1995, núm. 74.

Una segunda disposición ante la ley injusta es promover que esta se derogue, a través de la vía del activismo social –que puede concretarse o no en la figura de la desobediencia civil que después describiremos–.

La última de las posturas ante la ley injusta es que el ciudadano se sustraiga individualmente a su cumplimiento por motivos de conciencia, lo que se conoce como objeción de conciencia. La comprensión de este concepto es crucial por cuanto, en un contexto de relativismo imperante y de emanación de leyes injustas en los sistemas jurídicos occidentales, la forma en que se regule la objeción puede suponer una cierta salvaguarda de la moralidad.

2.2. La objeción de conciencia

2.2.1. La objeción de conciencia desde el plano filosófico

2.2.1.1. Definición

Dar una definición de la objeción de conciencia requiere, en buena lógica, analizar primero qué entendemos por conciencia. Este es un término análogo que hace referencia a distintas realidades o aspectos[25].

Uno de ellos es el psicológico, conforme al cual la conciencia –o autoconciencia– se podría definir, siguiendo a Ayuso,

---

[25] Para profundizar en la etimología del concepto y su evolución histórica, ver PINILLOS DÍAZ, J. L., *Las funciones de la conciencia*, discurso leído en el día 15 de noviembre de 1983 en el acto de su recepción pública como académico de número, Real Academia de Ciencias Morales y Políticas, Madrid, 1983, pp. 17 y ss.

como "autodominio cognoscitivo"[26] o consciencia; o bien, según sostiene Dip, como "percepción de los actos de las potencias sensitivas o percepción que de sí mismo tiene el sujeto cognoscente"[27]; o también, como afirma Sacks, como el conjunto de procesos de base cerebral que hacen posible que el hombre perciba cuanto le rodea, y a sí mismo en medio de ello, en un fluir de momentos sin solución de continuidad que "permite[n] la interacción de la percepción de la memoria, del pasado y del presente"[28]. Ortega define en términos similares el fenómeno de la conciencia, como "elemento universal donde flotan todos los demás fenómenos, y que penetra hasta sus últimas partículas todos los objetos reales y posibles"[29].

Esta concepción psicológica de la conciencia –que fue objeto de duras críticas en los albores del siglo XX, pero es asumida hoy por la mayoría de la doctrina[30]– implica que el hombre

---

[26] AYUSO, M., "Estado y conciencia", en VV. AA., (Ed. AYUSO, M.), *Estado, ley y conciencia*, Marcial Pons, Madrid, 2010, p. 22.

[27] DIP, R., "Prudencia judicial y conciencia", en VV. AA., (Ed. AYUSO, M.), *Estado, ley y conciencia*, Marcial Pons, Madrid, 2010, p. 77.

[28] SACKS, O., *El río de la conciencia*, Anagrama, 2019, p. 135.

[29] ORTEGA Y GASSET, J., "Investigaciones psicológicas", *Revista de Occidente*, Alianza Editorial, 1981, citado por PINILLOS DÍAZ en *Op. Cit.*, p. 16, nota al pie núm. 7.

[30] Cfr. PINILLOS DÍAZ, *Op. Cit.*, pp. 47-53. El autor se hace eco de cómo, a partir de 1910 y, especialmente, en 1919 de la mano de Watson, la conciencia fue declarada acientífica –al igual que el ámbito más amplio de la introspección, duramente criticado por Kant, Compte, Carnap, etc.– y el término cayó en desuso, siendo sustituidos los hechos de conciencia por hechos físicos en el contexto de un objetivismo radical filosófico. A mediados de siglo comenzó a restaurarse el concepto de conciencia con autores como Jacobson y Mandler, y esta recuperó su apogeo de la mano de lo que Pinillos denomina "eclosión del cognitivismo".

tiene capacidad de reflexión (*"reditio"*[31] completa, en términos tomistas), de volver su intelecto sobre sí mismo y de conocer que conoce, de ser autoconsciente, lo que lo diferencia del resto de los animales[32] –pues, ciertamente, "la subjetividad consciente es una propiedad tan objetiva de la especie humana como la corporalidad"[33]–.

Otra posible visión de la conciencia, más compleja que la anterior, es aquella que la vincula no solo con los procesos psíquico-neuronales sino también con las facultades de la inteligencia y la voluntad, abriéndola así al campo de la moralidad. Es la que podemos denominar conciencia moral.

Deman[34] hace un recorrido histórico de esta noción de conciencia moral desde la perspectiva de su relación con la virtud de la prudencia. Comenta que esta es primeramente concebida por Demócrito como una suerte de remordimiento interior; más adelante, Platón se refiere a la conciencia como elemento rector que es testigo de nuestros actos; a partir de la aparición del cristianismo, el término conciencia comienza a emplearse con connotaciones éticas; Cicerón es quien acuña el término latino *conscientia*, relacionada con el bien o el mal conocidos; san Pablo

---

[31] TOMÁS DE AQUINO, *Cuestiones disputadas sobre la verdad*, tomo I, *quae.* 10, art. 5.

[32] Porque, tal y como señala LUCAS, citando a santo Tomás, "las formas que no subsisten en sí mismas se vuelven hacia el exterior más que replegarse sobre sí mismas" (LUCAS LUCAS, R., *El hombre espíritu encarnado. Compendio de Filosofía del hombre*, Ediciones Sígueme, segunda edición, Salamanca, 1999, p. 77).

[33] PINILLOS DÍAZ, *Op. Cit.*, p. 15.

[34] Cfr. DEMAN, T., *La prudencia. Notas doctrinales tomistas*, Gaudete, Navarra, 2012, pp. 121 y ss.

alude a la conciencia como "regla de conducta"[35] que ha de formarse y llevarse a la práctica –de ahí la relación con la prudencia que jalona la reflexión del autor–. La conciencia en la Edad antigua "señala intensamente la vocación moral del hombre"[36] y, según Deman, "no pertenece al orden de la dirección, sino al de la sanción"[37]. Ya en época medieval, san Ambrosio, santo Tomás y otros Padres de la Iglesia emplean el término conciencia desde una doble perspectiva: antecedente –como formación del recto obrar, siguiendo la estela paulina– y consecuente –como criterio de juicio de la acción realizada, al modo platónico–.

Es a esta noción de conciencia, a la conciencia moral, a la que, en adelante, nos referiremos cuando aludamos a la conciencia sin mayor especificación. Aunque tendremos ocasión de profundizar después en ella desde la óptica del pensamiento de Benedicto XVI, por motivos metodológicos hemos de ofrecer ahora una breve definición de la conciencia moral, que podríamos sintetizar como una cualidad del hombre que presupone sus potencias intelectiva y volitiva y que, desde un doble prisma *ex ante* y *ex post*, intrínsecamente relacionado con el obrar humano, permite enjuiciarlo.

Sobre la base de lo expuesto, trataremos de dar una primera definición genérica de la objeción de conciencia: es aquel acto personal[38] que, por motivos de conciencia, se dirige específica-

---

[35] DEMAN, *Op. Cit.*, p. 128.

[36] *Ibid.*, p. 127.

[37] Ídem.

[38] MARTÍN DE AGAR, J. T., en "Problemas jurídicos de la objeción de conciencia", *Schripta Theologica*, vol. 27, núm. 2, 1995, p. 523, emplea el término, muy elocuente también, de "conflicto personal". E insiste en la dimensión individual de la objeción, afirmando en la p. 525, que, "pre-

mente al incumplimiento de una obligación jurídica vigente, ya sea por vía positiva –hacer aquello que la ley prohíbe–, ya por vía negativa –negarse a hacer aquello que la ley mandata–[39].

La objeción de conciencia puede tener o no un reconocimiento en el derecho; en el primer caso, no nos hallaremos solo ante un acto libre sino también ante un acto jurídico.

2.2.1.2. Fundamento

El caso típico de la objeción de conciencia es la "escisión entre legalidad y moralidad"[40], que santo Tomás de Aquino califica como "corrupción de la ley"[41]. Es a ese al que nos refe-

---

cisamente porque la conciencia es individual, la libertad de conciencia es también, en principio, un derecho de la persona singular, que no implica de por sí manifestaciones colectivas o de grupo, aunque con frecuencia esté relacionada con las doctrinas de alguna confesión o corriente de pensamiento".

[39] Cfr. SEOANE, J. A., "Objeción de conciencia positiva", *Revista de Bioética y Derecho*, núm. 32, septiembre 2014, pp. 37-38.

[40] CAÑAL GARCÍA, F. J., "Perspectiva jurídica de la objeción de conciencia del personal sanitario", *Cuadernos de Bioética*, vol. 5, núm. 19, 1994, p. 222.

[41] SANTO TOMÁS DE AQUINO, *Suma de Teología*, I-II, *quae.* 95, art. 2: "la ley positiva humana en tanto tiene fuerza de ley en cuanto deriva de la ley natural. Y si en algo está en desacuerdo con la ley natural, ya no es ley, sino corrupción de la ley".
LEÓN CORREA, F. J., en "Fundamentos ético-jurídicos de la objeción de conciencia de los profesionales de la salud", *Revista CONAMED*, vol. 10, núm. 1, enero-marzo 2007, p. 3, se hace eco de la expresión tomista, y afirma: "El iusnaturalismo, especialmente Tomás de Aquino, establece: 'Toda ley humana tendrá carácter de ley en la medida en que se derive de la ley de la naturaleza; y si se aparta en un punto de la ley natural, ya no será ley, sino corrupción de la ley'. La versión de la Biblioteca de Autores Cristianos varía un poco en la traducción: "la ley positiva humana

riremos mayoritariamente en esta publicación, ya que nuestro análisis de la objeción se particulariza en dos leyes –la del aborto y la de la eutanasia– que son notoriamente injustas. Sin embargo, la injusticia de una norma no es requisito *sine qua non* para la aparición de la objeción. De hecho, el origen fáctico de la objeción de conciencia, como veremos en el siguiente apartado, se encuentra muy vinculado al ámbito militar, donde una ley justa –*v. gr.*, la que impone el deber de defender el propio país contra un ataque extranjero– puede, pese a todo, suponer un dilema de conciencia a los obligados por la norma[42].

---

en tanto tiene fuerza de ley en cuanto deriva de la ley natural. Y si en algo está en desacuerdo con la ley natural, ya no es ley, sino corrupción de la ley".

[42] No es *a priori* injusto que un Estado tenga una norma para defenderse de ataques extranjeros, incluso aunque dicha norma conlleve levas de civiles y obligatoriedad para ellos de prestar servicio militar. Sin embargo, también en esa norma –que, decimos, no tiene por qué ser injusta– debe haber cabida para la objeción. Así lo reconoce, de hecho, nuestra Constitución, en su artículo 30. Respecto de este preciso supuesto del servicio militar, matiza FRIVALDSZKY, J., en "La objeción de conciencia y la doctrina de la Iglesia Católica", VV. AA., (Ed. AYUSO, M.), *Estado, ley y conciencia*, Marcial Pons, Madrid, 2010, p. 197, que "en el caso del servicio militar no existe propiamente una obligatoriedad moral de oposición al mismo, sino que existe una significativa elección profética en relación con el uso de las armas". Nos hallaríamos más bien ante lo que algunos han denominado objeción de conciencia atenuada, pues se refiere más a la elección de los medios que a los fines de la norma frente a la cual se objeta.
Este ejemplo concreto del servicio militar se subsume en un supuesto mayor, el de una norma no injusta que puede, pese a todo, generar dilemas morales en sus destinatarios. En este caso, la objeción no sería una reacción ante una ley injusta, sino una solución para dar cabida a un discernimiento concreto de la norma sobre un fundamento moral que el Estado juzga de suficiente entidad como para exonerar a la persona del cumplimiento de la obligación legal que, en términos generales, se reputa correcta.

El fundamento de la objeción de conciencia, en el escenario de escisión entre legalidad y moralidad al que nos referíamos, es la prelación[43] del orden moral sobre el jurídico: el derecho ha de estar al servicio de la moral y, en particular, de la justicia, no viceversa. De modo que, ante una situación concreta de colisión entre ambos órdenes, es el jurídico el que ha de decaer en favor del orden moral.

Dicho esto, podemos ofrecer una segunda definición de objeción de conciencia: un deber ético que la verdad o el bien suscitan en la persona[44] en contradicción con una norma vigente. Así, hay autores que se refieren a la objeción de conciencia como "defensa de la verdad en contra del poder"[45]. Porque, bien mirada, la objeción no es un acto de oposición al derecho, sino una "rendición a la verdad"[46] que apela al *deber ser* del derecho, a su esencia, que es la justicia[47].

Macioce sostiene, en este mismo sentido, que "el objetor elige obedecer a la verdad, que es el fundamento del derecho, y desobedecer a la ley que, alejándose de la justicia, se presenta como una mala deformación de la verdad"[48].

Más adelante, cuando expliquemos la noción de conciencia de Benedicto XVI, profundizaremos en la relación entre conciencia y verdad, una conexión hasta tal punto relevante que, si

---

[43] Cfr. MARTÍN DE AGAR, *Op. Cit.*, p. 521.

[44] *Ibid.*, p. 525.

[45] SARTEA, C., "¿Qué objeción? ¿Qué conciencia? Reflexiones acerca de la objeción de conciencia y su fundamentación conceptual", *Cuadernos de Bioética*, vol. XXIV, núm. 3, 2013, p. 395.

[46] Ídem.

[47] Cfr. *Ibid.*, p. 394.

[48] MACIOCE, F., *Op. Cit.*, p. 179.

la negamos (situándonos en el paradigma del subjetivismo, en el que el derecho está al servicio de la subjetividad y la autonomía de la voluntad y no de la verdad), "la objeción se vacía de sentido"[49].

2.2.1.3. Breve reseña de la evolución histórica de la objeción de conciencia

Constituye una hipótesis plausible que la objeción de conciencia sea tan antigua como el derecho. Pues, si partimos de la premisa de la presencia de una ley natural en la conciencia de cada hombre[50], es lógico considerar que, desde el momento en que se impuso una norma de obligado cumplimiento por parte de quien detentaba el poder, pudiera surgir una dicotomía entre aquella y la conciencia de un ciudadano.

El primer caso conocido de objeción de conciencia es el que se relata en el mito plasmado por Sófocles en *Antígona* (s. V a. C). La joven cuyo nombre da título a la obra arrostra la muerte por arriesgarse a cumplir con el deber natural de dar sepultura a su hermano Polinice contra lo dispuesto por Creonte, el tiránico gobernador de la ciudad de Tebas. "No pensaba que tus proclamas –le espeta la joven Antígona– tuvieran tanto poder como para que un mortal pudiera transgredir las leyes no escritas e inquebrantables de los dioses"[51]. Esta tragedia es, pues, una primera expresión literaria de la conducta consistente en

---

[49] *Ibid.*, p. 183.

[50] En el capítulo IV del presente estudio ahondaremos en esta cuestión.

[51] SÓFOCLES, *Antígona*, Biblioteca Clásica Gredos, Madrid, 2021, 450.

anteponer la propia conciencia (conocedora de la existencia de leyes divinas, superiores a las de los hombres) a los mandatos humanos, asumiendo con responsabilidad las consecuencias que dicha acción acarree.

Unos lustros después, el gran filósofo Sócrates dio ejemplo con su vida de la primacía de la conciencia: "acusado de impío, Sócrates sitúa por encima de las leyes de la ciudad la obediencia que debe a la voz interior de su conciencia personal, la cual le guiaba en el conocimiento de lo verdadero y del bien"[52].

Sin embargo, el primer gran paradigma real –aunque no se teorizó sobre él entonces[53]– de la objeción de conciencia fue el de los primeros cristianos[54], muchos de los cuales murieron már-

---

[52] SCHOOYANS, *Op. Cit.*, p. 875.

[53] En *ibid.*, p. 877, afirma el autor que, ciertamente, los primeros cristianos "no intentan construir una justificación de la desobediencia".

[54] Tras la muerte de Cristo, seguramente dada la escasa numerosidad y relevancia social de las primeras comunidades cristianas que ya comenzaban a formarse, la actitud del Imperio Romano fue de indiferencia –si bien eran perseguidas por los judíos–. Sin embargo, conforme se fue extendiendo la *nova religio*, llegando incluso a la capital del Imperio, el peso social del cristianismo fue creciendo vertiginosamente, hasta llegar a ser la fuerza más influyente dentro del Estado. Fue en este momento cuando las autoridades comenzaron a preocuparse, conscientes del calado que el mensaje cristiano estaba teniendo. Cada vez eran más los que rehusaban rendir culto al emperador como a un Dios y renegaban de las deidades politeístas romanas. La situación de hostilidad hacia las personas que se decían cristianas fue entonces en aumento. Tan abierto llegó a ser el enfrentamiento, y tal era el miedo de los dirigentes políticos romanos de que el cristianismo pudiera hacer mella en la población romana que, durante varios siglos, los cristianos fueron perseguidos y martirizados a causa de su fe. La primera persecución data de los años 62-64, bajo el mandato del emperador Nerón. Desde esa fecha hasta el año 249, en que comenzó la cruenta persecución de Decio, seguida por otra peor aún de Diocleciano, se alternaron períodos de persecución anticristiana (bajo los gobiernos de

tires por desobedecer preceptos humanos. Quizás el caso más conocido, dada su presencia en varias fuentes históricas, entre ellas, el Martirologio Romano[55], sea el mandato de quemar in-

---

Nerón, Domiciano, Trajano, Decio, Valeriano y Diocleciano) con otros tiempos pacíficos. Después de tres siglos de sufrimiento para los seguidores de Cristo, en el año 311, Galerio promulgó el primer Edicto de Tolerancia, llamado de Nicomedia.

Sobre el particular, cfr. SORDI, M., *Los cristianos y el Imperio Romano*, Encuentro, Madrid, 1988, p. 34. Por otro lado, SUETONIO, en "Claudio" –*Vida de los doce Césares*, AGUDO, R. (trad.), Biblioteca clásica N° 167, Gredos, Madrid, 1992–, núm. 25, 4, habla de "cómo, hacia el año 49, el emperador Claudino ordenó la expulsión de algunos judíos de Roma porque se estaba produciendo alborotos *impulsore Chresto*". Afirma SUÁREZ FERNÁNDEZ, L., en *La conversión de Roma*, Libros MC, Madrid, 1987, p. 144, que esta se reconoce como "la más antigua noticia de la existencia de cristianos en la capital del Imperio". Por su parte, AJA SÁNCHEZ, J. R., en "Gaza, Sozomeno y los mártires cristianos de la época del emperador Juliano", *Polis: Revista de ideas y formas políticas de la Antigüedad clásica*, núm. 11, 1999, proporciona ejemplos concretos de aversión al cristianismo que fue, en muchos casos, consentida por los emperadores. Por último, véase TEJA, R., *El cristianismo primitivo en la sociedad romana*, Itsmo, Madrid, 1990, p. 38.

[55] A título de ejemplo mencionaremos los siguientes testimonios recogidos en el *Martirologio Romano*:

– "En Melitene, ciudad de Armenia, san Polieuto, mártir, que, siendo soldado, a raíz del decreto del emperador Decio que obligaba a sacrificar a los dioses, rompió los ídolos, por lo cual fue cruelmente martirizado hasta ser degollado, recibiendo así el bautismo con su propia sangre (*circa* 250)".

– "En Cesarea de Capadocia, santa Julita, mártir, que, por negarse constantemente a ofrecer incienso a los ídolos como se lo mandaba el juez, fue arrojada al fuego (*circa*. 303)".

– "En Milán, en la provincia de la Liguria, conmemoración de san Víctor, mártir, el cual, originario de Mauritania, era soldado del ejército imperial, y al imponer el emperador Maximiano la obligación de sacrificar a los ídolos, se desciñó de sus armas, por lo cual le llevaron a la ciudad de Lodi, donde fue decapitado (c. 304)".

cienso como símbolo de la adoración al emperador y de reconocimiento de su divinidad, o la obligación de ofrecer sacrificios a las divinidades paganas. El rechazo de este acto idolátrico por obedecer a los mandatos de la fe constituyó una de las primeras causas de la objeción de conciencia de los cristianos. Con todo, desde el surgimiento del cristianismo, fue el militar el ámbito en el que surgió un mayor número de objetores[56]. Comenta Palomo cómo irrumpió el fenómeno de "la objeción de conciencia a llevar a cabo ciertos actos militares violentos, en especial el de dar muerte a otros, por parte de militares convertidos al cristianismo"[57], calificándolo además como "cuestión especialmente

---

[56] ORÍGENES, padre de la Iglesia oriental, en su obra apologética *Contra Celso*, Libro VIII, 73, critica la participación de los cristianos en el Ejército, de lo cual se infiere que se trataba de una realidad cotidiana. En opinión de este padre, la ayuda que los cristianos prestaban al emperador debía ser a través de la oración y no de empuñar las armas: "nosotros prestamos oportunamente a los emperadores una ayuda, por decirlo así, divina, al tomar la armadura completa de Dios. (...) Y cuanto es uno más piadoso, tanto más eficaz es su ayuda a los que imperan, más que la de los mismos soldados que salen a campaña y matan a cuantos enemigos pueden".
Refiere BLÁZQUEZ MARTÍNEZ, J. M., en "Los cristianos contra la milicia imperial. La objeción de conciencia en el cristianismo primitivo", *Historia*, vol. 16, núm. 154, 1989, p. 4, que, "a la objeción de que se negaban a participar en el servicio militar, responde que los cristianos son un pueblo sacerdotal. Si los sacerdotes paganos están libres del servicio militar (como indica la ley de fundación de la colonia cesariana de Urso (Osuna, Sevilla, 44 a. C.) tampoco deben hacerlo los cristianos, que han de luchar por la prosperidad del emperador con sus oraciones".
[57] PALOMO PINEL, C. M., "En busca de los orígenes del derecho a la objeción de conciencia: belicismo, conquista y milicia en los primeros siglos del cristianismo", en VV. AA., (Dir.: Fernández de Buján, A.), *Hacia un Derecho Administrativo y Fiscal Romano*, vol. II, Dykinson, Madrid, 2013, pp. 85 y 90.
El *Martirologio Romano* recoge asimismo varios casos de objetores por razones de conciencia al deber militar:

delicada ya que afecta de lleno a la unidad y cohesión del ejército"[58].

La actitud de estos mártires, que prefirieron dar la vida por su fe antes de reconocer la divinidad de un mortal o de ídolos "hechura de manos humanas"[59], o que rehusaron perpetrar la muerte de otros en el campo de batalla, incluso aunque la ley marcial fuese justa, es un testimonio elocuente de la prevalencia del orden moral sobre el jurídico.

Si bien dicha objeción carecía de reconocimiento jurídico en el Derecho romano[60], su fundamento –la moral cristiana, que mandaba "obedecer a Dios antes que a los hombres"[61] en una

---

- "En Parios, en el Helesponto (hoy Turquía), san Teógeno, mártir, quien, en tiempo del emperador Licinio, al negarse a formar parte de los reclutas a causa de su fe cristiana, fue martirizado en la cárcel y finalmente arrojado al mar (320)".

- "En Tebeste, de Numidia, san Maximiliano, mártir, que siendo hijo del veterano Víctor, y llamado también al ejército, respondió al procónsul Diono que a un fiel cristiano no le era lícito ser soldado y, habiendo rehusado el juramento militar, fue degollado (295)".

[58] PALOMO PINEL, *Op. Cit.*, pp. 85 y 90.

[59] Salmo 115 (113b).

[60] PALOMO PINEL comenta, en *Op. Cit.*, p. 90, en referencia a la época de los primeros cristianos en el Imperio Romano, que "no existía una previsión normativa para aquellos que se negaban a cumplir con sus deberes de soldado por motivos de conciencia, por lo cual su negativa a empuñar las armas podía muy bien ser interpretada como un delito de cobardía. (…) También podrían subsumirse los hechos bajo la figura de la deserción". En todo caso, el castigo era la muerte (cfr. *Ibid.,* p. 91).

[61] Hch 5, 29.

Los Padres de la Iglesia se manifestaron diversamente acerca de la obligación de los cristianos de no participar en labores bélicas. Sobre el particular, vid. PALOMO PINEL, *Op. Cit.*, pp. 97-105. Su reflexión finaliza afirmando que fue san Agustín "el primero de los Padres de la Iglesia en

cuestión sagrada como es el quitar la vida– y su ejercicio –el incumplimiento pacífico del mandato obligatorio– son análogos a la institución actual de la objeción de conciencia.

Siglos después, santo Tomás de Aquino, al hablar de la corrupción de la ley[62], sienta las bases filosóficas para poder justificar a nivel teorético la actitud objetora frente a la ley injusta.

La discusión filosófico-jurídica especulativa acerca de la objeción de conciencia se aviva y se delimita en la época liberal, al mismo tiempo que se configuran y delimitan más claramente los derechos de los ciudadanos[63]. Thoreau, a mediados del s. XIX, fue el primero en escribir acerca de las figuras jurídicas de la objeción de conciencia y, sobre todo, de la desobediencia civil, si bien circunscritas a un ámbito concreto, el de la contribución al Estado para sufragar los gastos bélicos[64].

---

considerar la posibilidad de que pueda existir una guerra justificada bajo determinadas condiciones y, por consiguiente, estimar que el servicio en la milicia no es en sí pecaminoso para el cristiano".
A este respecto afirma CASTELLANO, D., en "Estado, ley y conciencia", en VV. AA., (Ed. AYUSO, M.), Estado, ley y conciencia, Marcial Pons, Madrid, 2010, p. 216, que esta enseñanza "es una indicación 'laica' válida, esto es, exigencia de razón y, por ello, universal".

[62] SANTO TOMÁS DE AQUINO, *Suma de Teología*, I-II, *quae*. 95, art. 2.

[63] Cfr. DIETERLEN STRUCK, P., "La objeción de conciencia", *Revista CODHEM*, marzo-abril 2022, p. 69.

[64] Cfr. SANTAMARÍA IBEAS, J. J., "Los orígenes de la objeción de conciencia y la desobediencia civil. H. D. Thoreau", en VV. AA. (Coord.: Dorado Porras, J.), *Historia de los derechos fundamentales*, vol. 3, tomo 2, 2007 –particularmente la p. 960 en lo relativo al fundamento de la desobediencia civil–. Su punto de partida, según expone el autor en la p. 961, es que el individuo ha de determinar conforme a su conciencia qué es lo justo, porque la mayoría (que avala las normas promulgadas) "no puede estar sistemáticamente en posesión de la verdad". He aquí, pues, una in-

Por último, en época contemporánea, la teoría de Rawls proporciona un marco filosófico a una objeción ya no necesariamente vinculada a valores morales objetivos. Quizás sea esta perspectiva la que mejor define el *statu quo* actual de la objeción en los países occidentales.

2.2.1.4. *Objeción de conciencia y desobediencia civil*

La objeción de conciencia tiene mucho en común con otra figura, la desobediencia civil, a la que hacíamos alusión *supra*. En la práctica, ambas presentan un límite difuso, hasta el punto de que una parte de la doctrina se refiere a ellas indistintamente[65].

---

terpretación de la justicia que, con matices, recuerda a la de su contemporáneo Hans Kelsen, particularmente en lo que se refiere a la autonomía individual desprovista de raíces objetivas. Thoreau lo afirma con estas palabras: "¿Acaso no puede existir un gobierno donde la mayoría no decida virtualmente lo que está bien o mal, sino que sea la conciencia? ¿Donde la mayoría decida sólo en aquellos temas en los que sea aplicable la norma de conveniencia? ¿Debe el ciudadano someter su conciencia al legislador por un solo instante, aunque sea en la mínima medida? Entonces, ¿para qué tiene cada hombre su conciencia? Yo creo que debiéramos ser hombres primero y ciudadanos después. Lo deseable no es cultivar el respeto por la ley, sino por la justicia. La única obligación que tengo derecho a asumir es la de hacer en cada momento lo que crea justo" (THOREAU, H. D., *Desobediencia civil y otros escritos*, Epublibre, p. 57).

[65] LEÓN CORREA, en *Op. Cit.*, p. 6, afirma que "la literatura anglosajona suele distinguirlas más radicalmente", si bien otros autores no lo hacen así. Por su parte, FALCÓN Y TELLA, M. J., en "Libertad ideológica y objeción de conciencia", *Persona y Derecho: revista de fundamentación de las instituciones jurídicas*, Facultad de Derecho, Universidad de Navarra, núm. 44, 2001, p. 174, sostiene que "de un análisis histórico del tándem desobediencia civil-objeción de conciencia deducimos el siguiente dato: ambas participan de una historia análoga. (...) En un primer momento sus etiquetas se trastoca-

El punto de partida de las dos es el mismo: la existencia de una obligación jurídica que el destinatario estima contrapuesta a un mandato moral. El término de la acción es también similar en ambos casos, pues finalizan en un incumplimiento pacífico[66] de una norma vigente y obligatoria que acarrea una posible sanción. Las divergencias entre ambas figuras radican, por tanto, en el proceso de la reacción ante la norma[67]. En primer lugar, mientras que la objeción de conciencia es un acto jurídico –ya que esta suele ser una figura aceptada y regulada en los ordenamientos contemporáneos–, la desobediencia civil se desenvuelve más bien en el plano del activismo político. De hecho, es común que la conexión entre ambas figuras se produzca precisamente porque, de no estar adecuadamente garantizado y regulado el ejercicio[68] de la objeción de conciencia, la tensión entre legalidad y moralidad puede desembocar en desobediencia civil, carente de justificación en derecho[69].

---

ron y así, por ejemplo, lo que era desobediencia civil para Henry Thoreau en realidad sería hoy para muchos objeción de conciencia; y, al contrario, lo que para Gandhi era objeción de conciencia sería en realidad hoy desobediencia civil. Luego, ambas figuras encontraron una clara separación en la doctrina, así por ejemplo en Eusebio Fernández, siguiendo a John Rawls. (...) Hoy, de nuevo, dichas categorías tienden a fundirse en una misma acción (...)".

[66] FALCÓN Y TELLA, *Op. Cit.*, p. 177.

[67] Cfr. MUÑOZ LÓPEZ, C. A., "Aplicación de la teoría de la desobediencia civil y la objeción de conciencia de Rawls", *Revista Academia & Derecho,* vol. 6, núm. 10, 2015, pp. 280-295.

[68] Cfr. MEDINA CASTELLANO, C. D., "Objeción de conciencia sanitaria en España. Naturaleza y ejercicio", *Derecho PUCP. Revista de la Facultad de Derecho*, núm. 69, julio-noviembre 2012, p. 215.

[69] La respuesta a la pregunta sobre la fundamentación jurídica de la desobediencia civil no puede ser general, sino que ha de hacerse examinando caso por caso, en función de la norma desobedecida y de las previ-

En segundo lugar, se diferencian en su alcance e intencionalidad[70]. Lo que el objetor pretende al sostener un determinado posicionamiento axiológico[71] es afirmar que considera dichos valores como "superiores a sus propios intereses y los de su comunidad"[72], si bien se trata de un pronunciamiento privado, que solo busca resolver un problema concreto, un conflicto personal[73]. El desobediente civil busca, en cambio, dar a entender que la norma es injusta o incorrecta y, por tal razón, se ha de derogar con carácter general. Así, el carácter tanto privado como ético[74] de la objeción de conciencia, que se produce

---

siones que, al respecto, contenga el ordenamiento jurídico en cuestión. En similares términos se pronuncia DE LA FUENTE RUBIO, E., en "Democracia y desobediencia civil: objeción de conciencia", *Revista de la Facultad de Derecho de la Universidad Complutense*, núm. 83, 1993-1994, p. 106, cuando afirma que "la fundamentación jurídica de la desobediencia civil debe responder a la pregunta de si quienes desobedecen civilmente y han violado una ley, ofrecen razones suficientes para que no se les impongan las penas que tal incumplimiento conlleva".

[70] La Comisión de Ética y Deontología del Ilustre Colegio de Médicos de Madrid afirma, respecto de esta diferencia, que "la objeción de conciencia no es desobediencia civil ni una forma de manifestar anticipadamente creencias o convicciones, sino que, típicamente, sucede de forma sobrevenida, cuando el profesional afronta la situación donde ya se encuentra en el contexto concreto de actuación que resulta en contraposición radical con su propia conciencia". Ver https://www.icomem.es/adjuntos/adjunto_3228.1626601908.pdf

[71] *Vid.* CUENCA, A., "Objeción de conciencia: reflexión ética", *Anuario de Filosofía del Derecho*, núm. 12, 1995, p. 224.

[72] *Ibid.*, p. 231.

[73] Cfr. SPAEMANN, R., Ética: cuestiones fundamentales, Eunsa, Pamplona, 1988, p. 89.

[74] Cfr. RUIZ-BURSÓN, F. J., "La regulación de la objeción de conciencia en la Ley Orgánica 2/2010, de 3 de marzo, de Salud Sexual y Reproductiva y de Interrupción Voluntaria del Embarazo", *Persona y Derecho*, núm. 63, vol. 2, 2010, p. 166.

para "que un sujeto quede excluido de la aplicación de un deber legal impuesto por una norma jurídica"[75], contrasta con el cariz más grupal[76] y político[77] de la desobediencia civil, la cual "persigue iniciar un movimiento de protesta civil que acabe influyendo en los poderes públicos, moviéndolos a cambiar la normativa vigente"[78].

Una última diferencia entre ambas figuras es la publicidad, pretensión esencial a la desobediencia civil y de la cual carece la objeción de conciencia. No es esencial al acto objetor ser conocido por terceras personas, si bien es cierto que la difusión pública no obsta al buen fin de la objeción. La desobediencia civil, en cambio, ha de materializarse a través de un acto público, pues va encaminada a la modificación de la norma por la vía de la presión social, no solamente al incumplimiento de ella por parte del que desobedece –como ocurre en la objeción–. Constituye, pues, una actuación con voluntad socialmente ejemplarizante y reivindicativa, que postula que los poderes públicos deroguen o modifiquen una cierta norma que se considera injusta.

---

[75] *Ibid.*, p. 167. Por su parte, ESPINAL MANZANARES, J., en "La objeción de conciencia a los tratamientos médicos", *Revista Parlamentaria de la Asamblea de Madrid*, núm. 10, 2004, p. 37, afirma que la objeción "se produce porque se considera que la ley es injusta, pero no para que deje de serlo".

[76] Cfr. FALCÓN Y TELLA, *Op. Cit.*, p. 179.

[77] Cfr. *Ibid.*, p. 181 y MUÑOZ LÓPEZ, *Op. Cit.*, p. 280.

[78] RUIZ-BURSÓN, *Op. Cit.*, p. 167.

2.2.2. La objeción de conciencia en su dimensión jurídica

2.2.2.1. Regulación de la objeción de conciencia en el ordenamiento jurídico español

A través de la *Ley Orgánica 1/2008, de 30 de julio*, España ratificó la *Carta de los Derechos Fundamentales de la Unión Europea*. El segundo apartado de su artículo 10, dedicado a la "libertad de pensamiento, de conciencia y de religión", dispone que "se reconoce el derecho a la objeción de conciencia de acuerdo con las leyes nacionales que regulen su ejercicio".

Sin embargo, a pesar de este reconocimiento internacional del derecho a la objeción de conciencia, no hay en nuestro ordenamiento una norma que regule con carácter general el ejercicio de este derecho. Únicamente contamos con preceptos legales que se aplican a supuestos materiales concretos.

i. En primer lugar, en la *Constitución Española* se recoge una mención de la "cláusula de conciencia" en el artículo 20.1.d. ("la ley regulará el derecho a la cláusula de conciencia y al secreto profesional en el ejercicio de estas libertades"), referida a la actividad consistente en "comunicar o recibir libremente información veraz por cualquier medio de difusión", lo que se conoce como libertad de expresión periodística. Dicha cláusula de conciencia, cuyo contenido ha sido definido por el Tribunal Constitucional[79], goza de

---

[79] Señala VILLAVERDE MENÉNDEZ, I., en "La libertad de expresión", en VV. AA., *Comentarios a la Constitución Española*, tomo I, Fundación Wolters Kluwer, Boletín Oficial del Estado, Tribunal Constitucional y Ministerio de Justicia, Madrid, 2018, p. 612, "Para el Tribunal Consti-

la protección propia de los derechos fundamentales, que
consiste en que, según dispone el artículo 53.2 del mismo
texto legal, "cualquier ciudadano podrá recabar la tutela
de las libertades y derechos reconocidos en el artículo 14 y
la Sección 1ª del Capítulo Segundo ante los Tribunales or-
dinarios por un procedimiento basado en los principios de
preferencia y sumariedad y, en su caso, a través del recurso
de amparo ante el Tribunal Constitucional. Este último recurso será aplicable a la objeción de conciencia reconocida
en el artículo 30".

---

tucional, la cláusula de conciencia es un derecho instrumental de la libertad de información del art. 20.1.d) CE, de manera que aquel sirve para
reforzar el libre ejercicio de este. La cláusula de conciencia es un «derecho
de los profesionales de la información» y que tiene por objeto regular jurídicamente en la relación laboral del informador con la empresa mediática
que lo contrate «la posibilidad de resolver (a voluntad del profesional de la
información) el contrato con derecho a una indemnización ante el cambio
de línea ideológica del medio para el cual trabaja el profesional, en la medida en que aquel determina paralelamente una alteración en el contenido
y presentación de las noticias que se transmiten, dificultando o impidiendo
el ejercicio de la libertad informativa del profesional en las condiciones
pactadas inicialmente» (STC 199/1999, FF. JJ. 3 y 4). En ambas sentencias, el TC ha definido el titular de la cláusula, su contenido y su propósito
y efectos. El TC ha considerado que, a pesar de las dificultades para identificar al informador que puede beneficiarse de esta cláusula, lo decisivo
en la indagación del titular es la conexión entre la labor profesional de
quien la esgrima con el efectivo ejercicio de la libertad de expresión en el
seno de un medio de comunicación, de manera que el supuesto cambio en
la tendencia del medio de comunicación pueda afectar directa, sustancial
y negativamente su ejercicio (STC 199/1999, FJ 4). El TC ha mantenido
también que el derecho a la cláusula de conciencia goza de eficacia directa
y puede ser ejercido, siempre de forma razonable y proporcionada, por
el profesional de la información sin mediar resolución judicial alguna al
respecto".

ii. En segundo lugar, con rango constitucional pero no de derecho fundamental (aunque también recurrible ante el Tribunal Constitucional, según el inciso anterior), el artículo 30.2 de la Carta Magna se refiere en exclusiva a la objeción en materia de servicio militar obligatorio[80].

iii. Además, existe un reconocimiento explícito de la objeción de conciencia en otras dos leyes orgánicas[81]: en materia de aborto, en los artículos 19 y concordantes de la *Ley Orgánica 2/2010, de 3 de marzo, de salud sexual y reproductiva y de la interrupción voluntaria del embarazo, modificada por la Ley Orgánica 1/2023, de 28 de febrero*; y, en relación con la eutanasia, en los artículos 3.f) y correlativos de la *Ley Orgánica 3/2021, de 24 de marzo, de regulación de la eutanasia*.

---

[80] Esta se desarrolla en la *Ley 22/1998, de 6 de julio, reguladora de la Objeción de Conciencia y de la Prestación Social Sustitutoria*, que dispone en su artículo 6 que "los objetores de conciencia reconocidos quedarán exentos del servicio militar y deberán realizar una prestación social sustitutoria consistente en el desarrollo de actividades de utilidad pública que no requieran el empleo de armas ni tengan relación con la institución militar". No obstante, tanto el precepto de la Constitución como el artículo de la Ley 22/1998 han quedado inaplicados desde que la *Ley 17/1999, de 18 de mayo, de Régimen del Personal de las Fuerzas Armadas* dispuso el fin del servicio militar obligatorio y la profesionalización del ejército.

[81] A diferencia de las leyes ordinarias, las leyes orgánicas son "las relativas al desarrollo de los derechos fundamentales y de las libertades públicas, las que aprueben los Estatutos de Autonomía y el régimen electoral general y las demás previstas en la Constitución". El citado artículo 81 de la Carta Magna dispone, en su inciso segundo, que "la aprobación, modificación o derogación de las leyes orgánicas exigirá mayoría absoluta del Congreso, en una votación final sobre el conjunto del proyecto".

De modo que, si nos atenemos a la literalidad del ordenamiento jurídico español, podemos concluir que la objeción de conciencia únicamente se reconoce de forma expresa en las siguientes materias: servicio militar, prensa, eutanasia y aborto. Por otra parte, el artículo 16 de la *Constitución Española* establece, también con rango de derecho fundamental, que "se garantiza la libertad ideológica, religiosa y de culto de los individuos y las comunidades sin más limitación, en sus manifestaciones, que la necesaria para el mantenimiento del orden público protegido por la ley" y que "nadie podrá ser obligado a declarar sobre su ideología, religión o creencias". Sin embargo, nótese que este artículo no hace referencia explícita ni a la conciencia ni a la objeción; de tal ausencia, cierto sector jurisprudencial y doctrinal infiere que no existe una garantía constitucional genérica –para todos los ámbitos y en todos los casos– de la objeción de conciencia.

2.2.2.2. Interpretación jurisprudencial

El papel de la jurisprudencia constitucional en materia de objeción de conciencia es, si cabe, mayor al que habitualmente tiene como intérprete autorizado de las leyes, dada la ausencia de una regulación genérica del ejercicio de este derecho relativo a una cuestión tan relevante para el hombre como es el respeto de los dictados de su conciencia.

La cuestión fundamental que el Tribunal Constitucional ha tratado de aclarar en sus sentencias sobre la objeción de conciencia es si puede afirmarse su estatuto de derecho autónomo, directamente derivado de la libertad ideológica protegida por el artículo 16 de la Constitución, o si, por el contrario, ha de entenderse que, de la falta de enunciación genérica de este derecho en la Carta Magna, se deduce que solo podrá ejercerse cuando concurra una *interpositio legislatoris*, esto es, una enunciación específica de este derecho en una ley concreta. Son varias y dispares las sentencias dictadas a este respecto, las cuales sintetizaremos a continuación:

    i. La Sentencia del Tribunal Constitucional (STC) 15/1982, de 23 de abril[82], en su fundamento jurídico sexto, afirmó que, "puesto que la libertad de conciencia es una concreción de la libertad ideológica que nuestra Constitución reconoce en su art. 16, puede afirmarse que la objeción de conciencia es un derecho reconocido explícita e implícitamente en el ordenamiento constitucional español".

    ii. La STC 53/1985, de 11 de abril[83], en su fundamento jurídico décimo cuarto, y precisamente en relación con la objeción de conciencia frente al aborto, confirmó lo aseverado por la STC 15/1982, y recalcó la aplicabilidad directa del derecho a la objeción de conciencia: "por lo que se refiere al derecho de objeción de conciencia [...] existe y puede ser ejercido con independencia de que se haya dictado o no tal regulación. La objeción de conciencia forma parte del contenido del derecho fundamental a la libertad ideológica y religiosa reconocido en el art. 16.1 de la Constitución y, como este Tribunal

---

[82] https://www.boe.es/buscar/doc.php?id=BOE-T-1982-11457.
[83] https://www.boe.es/buscar/doc.php?id=BOE-T-1985-9096.

ha indicado en diversas ocasiones, la Constitución es directamente aplicable, especialmente en materia de derechos fundamentales".

iii. Sin embargo, la STC 161/1987, de 27 de octubre[84], en su fundamento jurídico tercero, optó por un criterio distinto al de las dos sentencias precedentes, y se refirió a la objeción de conciencia en términos de "admisión excepcional de incumplimiento de un deber legal concreto, por resultar ese cumplimiento contrario a las propias convicciones", y añadió que "no está reconocido ni cabe imaginar que lo estuviera en nuestro Derecho o en Derecho alguno, pues significaría la negación misma de la idea del Estado".

iv. En idéntico sentido a la anterior se pronunció la STC 160/1987, de 27 de octubre[85], la cual afirmó, en su fundamento jurídico tercero, que "el derecho a la objeción de conciencia, aun en la hipótesis de estimarlo fundamental, no está sujeto a la reserva de Ley Orgánica por no estar incluido en los arts. 15 al 29 de la Constitución". Es decir, descartó su ligazón intrínseca con la libertad ideológica del artículo 16. Además, respecto de la objeción al servicio militar del artículo 30.2 CE, añadió que "sin ese reconocimiento constitucional no podría ejercerse el derecho, ni siquiera al amparo del de libertad ideológica o de conciencia (art. 16 C.E.) que, por sí mismo, no sería suficiente

---

[84] https://www.boe.es/buscar/doc.php?id=BOE-T-1987-25337.
[85] https://www.boe.es/buscar/doc.php?id=BOE-T-1987-25336.

para liberar a los ciudadanos de deberes constitucionales o «subconstitucionales» por motivos de conciencia, con el riesgo anejo de relativizar los mandatos jurídicos".

v. Años después, la STC 145/2015, de 25 de junio[86], en su fundamento jurídico cuarto, retomó parcialmente la interpretación de las primeras sentencias citadas y afirmó, respecto de la objeción de conciencia frente al aborto, que "tal derecho existe y puede ser ejercido con independencia de que se haya dictado o no tal regulación. La objeción de conciencia forma parte del contenido del derecho fundamental a la libertad ideológica y religiosa reconocido en el art. 16.1 CE y, como ha indicado este Tribunal en diversas ocasiones, la Constitución es directamente aplicable, especialmente en materia de derechos fundamentales". Aclarado su estatus de derecho fundamental, añadió no obstante que, "para la resolución del presente recurso resulta prioritario dilucidar si la doctrina enunciada en el fundamento jurídico 14 de la STC 53/1985 es también aplicable al caso que nos ocupa". Es decir, el Tribunal llevó a cabo una ponderación *ad casum*, de la cual se infiere la falta de aplicabilidad directa del derecho a la objeción de conciencia. Un voto particular a la sentencia añadió una mención del "alcance limitado de la *interpositio legislatoris*, vinculado a la eficacia del derecho y no a su fundamento".

---

[86] https://www.boe.es/buscar/doc.php?id=BOE-A-2015-8639.

Parece, por tanto, que el más reciente pronunciamiento del Tribunal Constitucional en la materia se inclina por reconocer una naturaleza jurídica peculiar a la objeción de conciencia: su fundamento es general, porque radica en la libertad ideológica garantizada por el artículo 16 de la Carta Magna, pero el ejercicio del derecho a objetar requiere de una ley que así lo establezca con carácter previo para el caso concreto.

2.2.2.3. Doctrina jurídica acerca de la objeción de conciencia

La falta de unanimidad de los pronunciamientos jurisprudenciales ha incentivado un más profundo desarrollo doctrinal alrededor de la noción, la naturaleza y el alcance de la objeción de conciencia.

La mayoría de los autores se refiere a la objeción de conciencia como un derecho fundamental, por cuanto tiene de íntima conexión con la libertad ideológica recogida en el artículo 16 de la Constitución, a pesar de que expresamente no se mencione la objeción en dicho precepto. Tal postura hermenéutica se divide, a su vez, en dos, a saber: la de quienes consideran que cabe un inmediato reconocimiento constitucional del derecho a la objeción de conciencia[87], en línea con las STC 17/1982 y 53/1985

---

[87] Entre ellos, véanse DEL MORAL GARCÍA, A., "Objeción de conciencia: líneas maestras de su regulación legal y jurisprudencial", en VV. AA., (Coord. TOMÁS Y GARRIDO, G.), *Entender la objeción de conciencia*, Jornadas de Bioética de la Universidad Católica San Antonio, 2011, Murcia, pp. 33-34; KRISKOVICH DE VARGAS, E. A., *La objeción de conciencia como derecho humano fundamental en materia de Bioética y Bioderecho*, Librería Editrice Vaticana, Ciudad del Vaticano, 2015, p. 175; MACEIRAS RODRÍGUEZ, P. M., "La objeción de conciencia en relación con trata-

(la postura más acertada, a nuestro juicio); y la de aquellos que, siguiendo la estela de la STC 145/2015, abogan por un "juicio de ponderación" de los intereses en juego[88]. En este sentido, afirman que "debe valorarse la intensidad del imperativo ético del objetor (...) [y] la intensidad o extensión de la lesión del derecho o interés que no se satisface"[89] a causa de su incumplimiento de la norma.

---

mientos e intervenciones médicas", *Actualidad Jurídica Aranzadi*, núm. 756, 2008, p. 3; GONZÁLEZ-VARAS IBÁÑEZ, A., *Derecho y conciencia en las profesiones sanitarias*, Dykinson, Madrid, 2009, p. 39; y RUIZ-BURSÓN, *Op. Cit.*, p. 173. Este autor cita, a su vez, en nota al pie número 12, los siguientes autores en apoyatura de la hipótesis de la plena autonomía del derecho constitucional a la objeción de conciencia: NAVARRO-VALLS, R. Y MARTÍNEZ-TORRÓN, J., *Las objeciones de conciencia en el derecho español y comparado*, pp. 26 y 110; SIEIRA MUCIENTES, S., *La objeción de conciencia sanitaria*, Dykinson, Madrid, 2000; BUXADÉ VILLALBA, J., "La Objeción de conciencia en la función pública", en SANCHO GARGALLO, I. (dir.), *Objeción de conciencia y función pública*, Estudios de Derecho Judicial, n° 89, Consejo General del Poder Judicial, Madrid, 2007, pp. 165-168; CEBRIÁ GARCÍA, M., "La objeción de conciencia al aborto: Su encaje constitucional", en *Anuario de la Facultad de Derecho*, vol. XXI, Servicio de Publicaciones de la Universidad de Extremadura (2003), pp. 102 y 111; y PÉREZ ROYO, J., *Curso de Derecho Constitucional*, Marcial Pons, Madrid, 2007, p. 236.

[88] En este sentido, ver MARABEL MATOS, J., "La creación de registros de profesionales médicos objetores de conciencia conforme a la jurisprudencia ordinaria y constitucional", *Revista española de Derecho Administrativo*, núm. 174, octubre-diciembre 2015, p. 2; MEDINA CASTELLANO, *Op. Cit.*, p. 216; SIMÓN YARZA, F., "¿Exención de un deber de abortar? Sobre el registro navarro de objetores y el significado de la objeción de conciencia", *Revista Jurídica de Navarra*, julio-diciembre 2014, núm. 58, nota al pie núm. 13; ORTEGA GUTIÉRREZ, D., "La objeción de conciencia en el ámbito sanitario", *Revista de Derecho Político*, núm. 45, 1999, p. 129.

[89] CAÑAL GARCÍA, *Op. Cit.*, p. 224.

Por otra parte, una minoría doctrinal[90], a la que se unen ciertos pronunciamientos políticos[91], aboga por la consideración residual de la objeción de conciencia, en línea con las STC 160 y 161/1087, y predica su naturaleza jurídica de derecho autónomo respecto de la libertad ideológica. Por lo tanto, para su apreciación en cada caso concreto, según estos autores, se requiere un reconocimiento legislativo previo que así lo establezca. El principal argumento que aducen es que el reconocimiento genérico de la objeción de conciencia supondría desvirtuar el principio de legalidad recogido en el artículo 9.1 de la Carta Magna y, con ello, el propio Estado de Derecho[92].

En todo caso, incluso aunque, de entre las posiciones jurisprudenciales y doctrinales expuestas, nos acogiéramos a la más restrictiva, no podríamos sino reconocer la existencia del

---

[90] Por todos, ver CAPODIFERRO CUBERO, D., *La objeción de conciencia a la interrupción del embarazo*, Centro de Estudios Políticos y Constitucionales, Madrid, 2015, p. 27 o BELTRÁN AGUIRRE, J. L., "El registro de los profesionales sanitarios objetores de conciencia. Cuestiones en torno a su constitucionalidad con motivo del recurso de inconstitucionalidad formulado contra la Ley Foral 16/2010, de 8 de noviembre, que crea un Registro de profesionales objetores de conciencia a realizar la IVE", *Revista Jurídica de Navarra*, julio-diciembre 2011, núm. 52, pp. 185-186.

[91] A título de ejemplo, comenta ALBERT, M., en "Relativismo ético, ¿absolutismo jurídico?, *Persona y Derecho*, núm. 61, 2009, nota al pie número 16, que "el ministro de Justicia, sin ir más lejos, declaró el pasado mes de agosto que 'En nuestro país no hay más objeción de conciencia que aquélla que está expresamente establecida en la Constitución o por el legislador en las Cortes Generales. Todos estamos sometidos a la ley. Las ideas personales no pueden excusarnos del cumplimiento de la ley porque, si no, nos llevaría en muchísimos temas, en éste y en otros muchos, a la desobediencia civil' (14 de agosto de 2009)".

[92] Así lo explica MEDINA CASTELLANO, en *Op. Cit.*, p. 217.

derecho a la objeción de conciencia en materia de aborto y eutanasia, por cuanto en ambos casos ha sido efectuada la *interpositio legislatoris*, como tendremos ocasión de ver en el siguiente apartado.

3

Objeción de conciencia en la leyes orgánicas

La objeción de conciencia en la ley orgánica 3/2021, de 24 de marzo, de regulación de la eutanasia y en la ley orgánica 1/2023, de 28 de febrero, por la que se modifica la ley orgánica 2/2010, de 3 de marzo, de salud sexual y reproductiva y de la interrupción voluntaria del embarazo.

Sin duda, el sanitario es uno de los ámbitos en que la objeción de conciencia juega un papel más relevante. Tanto es así que la mayor parte de las sentencias a las que hemos hecho alusión se refieren precisamente a cuestiones referidas a dicha materia –concretamente, al aborto y a la eutanasia–. A diferencia de lo que ocurre con la objeción de conciencia en otros campos, en la objeción sanitaria hay una razón más que se suma a los motivos de conciencia que pueden llevar a la persona a objetar: la profesionalidad[93], fundamentada en su *lex artis* y en la obediencia a la normativa deontológica que les obliga, la cual recoge el deber de no provocar la muerte del paciente de forma intencionada[94].

En la XIV Legislatura (diciembre 2019 - agosto 2023) se han promulgado dos leyes que atacan abierta y directamente el derecho a la vida de todo ser humano desde su concepción hasta su muerte natural, provenientes en ambos casos de la iniciativa legislativa del Gobierno de coalición. La primera de ellas es la

---

[93] Cfr. SARTEA, *Op. Cit.*, p. 396.

[94] El *Código de Deontología Médica* afirma, en su artículo 36.3, que "el médico nunca provocará intencionadamente la muerte de ningún paciente, ni siquiera en caso de petición expresa por parte de este", y recoge la obligación del juramento hipocrático de "no dar a ninguna mujer un pesaje abortivo". En cuanto a la objeción de conciencia, el artículo 32.2 establece que "el reconocimiento de la objeción de conciencia del médico es un presupuesto imprescindible para garantizar la libertad e independencia en su ejercicio profesional"; y el artículo 35 dispone que "de la objeción de conciencia no se puede derivar ningún tipo de perjuicios o ventajas para el médico que la invoca".

Por su parte, el *Código Deontológico de Enfermería Española* establece, en su artículo 18, que, "ante un enfermo terminal, la enfermera/o, consciente de la alta calidad profesional de los cuidados paliativos, se esforzará por prestarle hasta el final de su vida, con competencia y compasión, los cuidados necesarios para aliviar sus sufrimientos. También proporcionará a la familia la ayuda necesaria para que puedan afrontar la muerte, cuando ésta ya no pueda evitarse". Y respecto de la objeción de conciencia, dispone que "de conformidad con lo dispuesto en el artículo 16.1 de la *Constitución Española*, la Enfermera/o tiene, en el ejercicio de su profesión, el derecho a la objeción de conciencia que deberá ser debidamente explicitado ante cada caso concreto. El Consejo General y los Colegios velarán por que ningún/a Enfermero/a pueda sufrir discriminación o perjuicio a causa del uso de ese derecho".

Por cuanto respecta a los técnicos en cuidados Auxiliares de Enfermería, si bien no cuentan con un código deontológico propio, entendemos que les es de aplicación por analogía el referente a la profesión de Enfermería.

Ley Orgánica 3/2021, de 24 de marzo, de regulación de la eutanasia; la segunda, la más reciente *Ley Orgánica 1/2023, de 28 de febrero, por la que se modifica la Ley Orgánica 2/2010, de 3 de marzo, de salud sexual y reproductiva y de la interrupción voluntaria del embarazo.*

En ambas se enuncia el reconocimiento del derecho a la objeción de conciencia, en los términos que analizaremos a continuación.

3.1. Regulación jurídica de la objeción de conciencia en las leyes de la eutanasia y del aborto

3.1.1. La Ley Orgánica 3/2021, de 24 de marzo, de regulación de la eutanasia

La *Ley Orgánica 3/2021, de 24 de marzo, de regulación de la eutanasia* (en adelante, la "LO 3/2021" o la "Ley de la eutanasia") afirma, en el primer apartado del preámbulo, que "mediante la posibilidad de objeción de conciencia, se garantiza la seguridad jurídica y el respeto a la libertad de conciencia del personal sanitario llamado a colaborar en el acto de ayuda médica para morir".

Es decir, el doble fundamento sobre el que se asienta esta objeción de conciencia está integrado, en primer lugar, por la seguridad jurídica, entendida como "previsibilidad del Derecho aplicable en la vertiente de certeza (STC 67/2002) e intangibilidad de las situaciones jurídicas consolidadas (STC 54/2002)"[95];

---

[95] RODRÍGUEZ-PIÑERO y BRAVO-FERRER, M., "Título preliminar", en VV. AA., *Comentarios a la Constitución Española*, tomo I, Fundación Wolters Kluwer, Boletín Oficial del Estado, Tribunal Constitucional y Ministerio de Justicia, Madrid, 2018, p. 27.

y, en segundo lugar, por la libertad de conciencia, "que faculta para tener y mantener las propias creencias"[96].

Partiendo de esta base, la LO 3/2021 reconoce la posibilidad de que el personal sanitario objete cuando, en el ejercicio de sus funciones profesionales, se le requiera colaborar en una eutanasia. El derecho a la objeción de conciencia en materia de eutanasia se regula en tres artículos y una disposición final, en los siguientes términos:

i. Se define como un "derecho individual de los profesionales sanitarios a no atender aquellas demandas de actuación sanitaria reguladas en esta Ley que resultan incompatibles con sus propias convicciones"[97]. Esto descarta de antemano la posibilidad de que ciertas entidades (*v. gr.*, los hospitales propiedad de órdenes religiosas) ejerciten una objeción de conciencia institucional. Sin embargo, atendiendo tanto a la literalidad de la *Constitución Española* como a los argumentos esgrimidos por el Informe del Comité de Bioética de España[98], consideramos plausible

---

[96] RUIZ MIGUEL, A., "La libertad de pensamiento", en VV. AA., *Comentarios a la Constitución Española*, tomo I, Fundación Wolters Kluwer, Boletín Oficial del Estado, Tribunal Constitucional y Ministerio de Justicia, Madrid, 2018, p. 414.

[97] Artículo 3 de la LO 3/2021.

[98] Se trata de una cuestión zanjada casi unánimemente por la doctrina. Sin embargo, el Comité de Bioética de España asevera, en su *Informe sobre la objeción de conciencia en relación con la prestación de la ayuda para morir en la Ley Orgánica reguladora de la eutanasia*, p. 26, que, "si analizamos los argumentos habituales en contra de admitir la objeción de conciencia institucional, veremos que el principal argumento que se esgrime es que la conciencia es siempre individual, y no colectiva y, por ello, no cabría un ejercicio de la libertad de conciencia a través de la objeción más allá de la

la hipótesis de que no solo las personas físicas sino también las jurídicas puedan ser titulares del derecho a la objeción de conciencia. Esto traería consigo, en la práctica, dos ventajas: que algunos centros médicos en bloque se declarasen objetores, lo que garantizaría en mayor medida los derechos de los pacientes que no quieren ser tratados por médicos favorables a la eutanasia; y que los médicos objetores pudiesen ser empleados por dichos centros, procurándoles así un ambiente de trabajo no hostil a sus convicciones.

---

esfera de un individuo singular. Sin embargo, tal argumento contradice el propio significado del término conciencia, ya que éste se utiliza en nuestro lenguaje tanto respecto de la persona física como jurídica. Así, se habla, por ejemplo, de la conciencia de un pueblo, de la conciencia colectiva, de la conciencia histórica".

A nuestro juicio, esta reflexión acerca de la posible objeción de conciencia institucional no es carente de razón y podría gozar de cierta apoyatura legal, toda vez que, si afirmamos que la objeción de conciencia deriva de la libertad de conciencia, y que esta es a su vez concreción de la libertad ideológica y religiosa, el artículo 16.1 de la Constitución que las regula dispone que "se garantizan" tales derechos "de los individuos y las comunidades". Es decir, la propia enunciación constitucional deja expedita la posibilidad de que la libertad ideológica, religiosa y de culto sean ejercitadas o bien por los individuos o bien por las comunidades. El citado informe añade, en la p. 28, que "también informa claramente a favor la presunción de que los derechos y libertades reconocidos en la Constitución pueden ser de titularidad, no sólo por parte de las personas físicas, sino también jurídicas, a salvo de que la propia norma constitucional lo excluya o tal reconocimiento sea incompatible con la propia naturaleza y características del derecho o libertad". Y termina afirmando, en la misma página 28, que "el Tribunal Constitucional dicta la Sentencia 139/1995 en la que (...) consolida la doctrina del reconocimiento de los derechos a favor de las personas jurídicas, salvo que las características y fines del derecho no permitan su ejercicio por la persona jurídica".

ii. Sus titulares son "los profesionales sanitarios directamente implicados"[99] en la eutanasia. Por lo tanto, queda fuera del reconocimiento del derecho el personal no sanitario, incluso aunque su actividad profesional constituya un elemento necesario para la realización de la eutanasia –pensemos, por ejemplo, en el personal administrativo de un hospital, sin cuya labor burocrática no sería posible que las eutanasias se llevasen a cabo de forma acorde a la ley–. Asimismo, no serán titulares del derecho a la objeción aquellos profesionales que, siendo sanitarios, no estén directamente implicados en la realización de la eutanasia. Esto plantea numerosos problemas prácticos, ya que el término "implicación directa" es un concepto jurídico indeterminado[100] que admite muchos matices.

---

[99] "Artículo 16. Objeción de conciencia de los profesionales sanitarios.
1. Los profesionales sanitarios directamente implicados en la prestación de ayuda para morir podrán ejercer su derecho a la objeción de conciencia.
El rechazo o la negativa a realizar la citada prestación por razones de conciencia es una decisión individual del profesional sanitario directamente implicado en su realización, la cual deberá manifestarse anticipadamente y por escrito.
2. Las administraciones sanitarias crearán un registro de profesionales sanitarios objetores de conciencia a realizar la ayuda para morir, en el que se inscribirán las declaraciones de objeción de conciencia para la realización de la misma y que tendrá por objeto facilitar la necesaria información a la administración sanitaria para que esta pueda garantizar una adecuada gestión de la prestación de ayuda para morir. El registro se someterá al principio de estricta confidencialidad y a la normativa de protección de datos de carácter personal".

[100] El *Informe sobre la objeción de conciencia en relación con la prestación de la ayuda para morir en la Ley Orgánica reguladora de la eutanasia*, al que ya nos

iii. El contenido del derecho consiste en "no atender aquellas demandas de actuación sanitaria reguladas en esta Ley que resultan incompatibles con sus propias convicciones"[101]. El objeto material de la objeción está formado, según la LO 3/2021, por "las propias convicciones". Para comprender el contenido de este concepto, que también es jurídicamente indeterminado, nos remitimos a lo expuesto en el apartado 2.2.2 de esta monografía.

iv. La objeción podrá ejercitarse respecto de cualquier eutanasia con independencia de que esta se realice "en centros sanitarios públicos, privados o concertados, y en el domicilio"[102].

v. El ejercicio de la objeción de conciencia tiene como límite legal la garantía del derecho a la eutanasia, ya que la LO 3/2021 especifica que ha de llevarse a cabo "sin que el acceso y la calidad asistencial de la prestación [de la eutanasia] puedan resultar menoscabados"[103]. Esto es, al derecho a objetar se antepone el derecho

---

hemos referido, consigna en la p. 21 un *numerus clausus* de profesionales con posible implicación directa a aquellos cuya participación es necesaria e indispensable, a saber: el médico responsable, el médico consultor, el profesional sanitario que rubrica la solicitud de prestación por el paciente, el médico miembro de la Comisión de Garantía y Evaluación que realiza el informe preceptivo, los profesionales sanitarios que forman parte del equipo asistencial, los miembros de la dirección del centro y el médico del centro al que se le solicita resolver una eventual disparidad de criterio.

[101] Cfr. Artículo 3.f) de la LO 3/2021.

[102] Artículo 14 de la LO 3/2021.

[103] "Artículo 14. Prestación de la ayuda para morir por los servicios de salud.

a ser eutanasiado. Huelga mencionar los conflictos a que dicho articulado aboca en lugares pequeños, donde puede no haber más que un médico capaz de practicar la eutanasia, pues *de facto* se está afirmando que este no podrá objetar amparado por la ley. En caso de negarse a llevar a cabo la práctica letal que la LO 3/2021 regula, el profesional sanitario habrá de hacer frente a las consecuencias estipuladas en la *Ley 14/1086, de 25 de abril, General de Sanidad*[104].

vi. La forma que la ley prevé para evitar en lo posible el conflicto en el ejercicio de ambos derechos –objeción de conciencia y eutanasia– es la creación de un registro de objetores[105] por parte de las administraciones sanitarias[106], en el cual se inscribirá a aquellos que hayan

---

La prestación de la ayuda para morir se realizará en centros sanitarios públicos, privados o concertados, y en el domicilio, sin que el acceso y la calidad asistencial de la prestación puedan resultar menoscabados por el ejercicio de la objeción de conciencia sanitaria o por el lugar donde se realiza. No podrán intervenir en ninguno de los equipos profesionales quienes incurran en conflicto de intereses ni quienes resulten beneficiados de la práctica de la eutanasia".

[104] La disposición adicional segunda de la LO 3/2021 remite a la *Ley 14/1986, de 25 de abril, General de Sanidad* en materia de régimen sancionador. Esta, a su vez, dispone en su artículo 32 que "las infracciones en materia de sanidad serán objeto de las sanciones administrativas correspondientes, previa instrucción del oportuno expediente, sin perjuicio de las responsabilidades civiles, penales o de otro orden que puedan concurrir. En los supuestos en que las infracciones pudieran ser constitutivas de delito, la Administración pasará el tanto de culpa a la jurisdicción competente y se abstendrá de seguir el procedimiento sancionador mientras la autoridad judicial no dicte sentencia firme".

[105] Cfr. Artículo 16.2 de la LO 3/2021.

[106] Dada la configuración constitucional de la distribución de competencias entre el Estado y las Comunidades Autónomas (artículo 148.1.21ª

ejercido la objeción "anticipadamente y por escrito"[107], y que "tendrá por objeto facilitar la necesaria información a la administración sanitaria para que esta pueda garantizar una adecuada gestión de la prestación de ayuda para morir"[108]. Dicho registro ha constituido la mayor fuente de críticas[109] que, en materia de objeción

---

CE), la creación del registro es una materia que compete a estas últimas, lo cual añade, sobre los perjuicios del propio registro, una desigualdad normativa y de funcionamiento entre unas y otras regiones que redunda, a fin de cuentas, en discriminación entre los profesionales sanitarios en función de su lugar de residencia, y en menoscabo de la igualdad de todos ante la ley que el artículo 14 de la *Constitución Española* garantiza.

[107] Cfr. Artículo 16.1§2 de la LO 3/2021.

[108] Artículo 16.2 de la LO 3/2021.

[109] Veamos en primer lugar, por ser las críticas más completas y fundamentadas, las que formula el Comité de Bioética de España (CBE) en su *Informe sobre la objeción de conciencia en relación con la prestación de la ayuda para morir en la Ley Orgánica reguladora de la eutanasia*, pp. 23 y ss.:

– El Registro, que "tiene una finalidad administrativa", en el peor de los casos puede convertirse –habida cuenta de la obligación legal de "comunicar anticipadamente y por escrito" la decisión de objetar– en una herramienta para limitar el derecho a la objeción.

– De no ser así, y partiendo de la hipótesis de que la ley no exige que la comunicación "anticipada" y "por escrito" sea concretamente a un Registro, nos encontramos con la cierta inutilidad de este, que se convierte en "un recurso que no da necesariamente cuenta de todos los supuestos de objeción".

– Además, "la creación de ese registro entraña un riesgo de violación del derecho a la libertad ideológica de los objetores registrados que deberá ser debidamente prevenido mediante una adecuada protección de los datos contenidos en él".

– Por otro lado, "el registro de objetores no atiende a la diversidad de posiciones que, con seguridad, se darán entre los profesionales sanitarios con relación a la prestación eutanásica". El Comité refiere, como ejemplo, el caso de un profesional al que sobrevengan reservas de conciencia solo en un caso concreto, no con carácter general respecto de la eutanasia.

— Añade el informe otra situación en que el Registro se muestra inflexible y, por tanto, inútil: "el caso en que el profesional sanitario contrario a la prestación eutanásica se sienta ante el dilema entre objetar para preservar su conciencia (y, como efecto no querido, dejar de ocuparse del paciente justo en uno de los momentos de su vida en el que más importante resulta la alianza terapéutica) o no objetar para acompañar al paciente hasta el final (y verse expuesto a realizar algo contrario a su conciencia)".

— El CBE también aventura la falta de convergencia de criterios que existirá "entre las Comunidades Autónomas a la hora de determinar las solicitudes que cumplen o no con la legalidad para ser inscritas", que desembocará en que "la garantía del derecho a la libertad ideológica tendrá un alcance u otro en función de la comunidad autónoma en la que se viva".

— Por último, el informe refiere la merma de la libertad del potencial objetor, dado que "el registro de objetores da pie a que los inscritos en él sufran el estigma social de quien no está dispuesto a obedecer la ley y, por tanto, a arrostrar diversas consecuencias negativas".

— Y concluye: "Ninguna de las razones apuntadas por sí sola conduce a descartar la opción del registro de objetores. Sumadas todas ellas, sin embargo, tiene sentido albergar dudas razonables sobre la idoneidad de este instrumento para conciliar la libertad ideológica de los profesionales y la prestación de "ayuda para morir".

— El Comité de Bioética de España propone, como alternativa a los registros de objetores, que se habiliten equipos especializados en eutanasia iguales en toda España que sean los que la practiquen, sin que ello obste a que el equipo que está tratando al paciente enfermo le acompañe hasta el final de su vida.

Por otro lado, la Comisión Deontológica del Ilustre Colegio Oficial de Médicos de Madrid afirma, en la página 6 de su *Documento de posicionamiento. La objeción de conciencia en la profesión médica*: "vemos con preocupación la tendencia a un excesivo protagonismo de la Administración en la regulación del ejercicio de la objeción de conciencia, particularmente por la creación de registros de objetores, teniendo además en cuenta su escasa utilidad en orden a organizar la atención sanitaria".

En este sentido, cabe citar a MARTÍNEZ LEÓN, M. y RABADÁN JIMÉNEZ, J., "La objeción de conciencia de los profesores sanitarios en la ética y deontología", *Cuadernos de Bioética*, vol. XXI, núm. 2, mayo-agosto

de conciencia, ha recibido la LO 3/2021. El hecho de que los sanitarios hayan de señalarse, de forma expresa e indeleble[110], al incluir su nombre en un registro (por más garantías de protección de datos que la ley enarbole) constituye una importante merma en el ejercicio del derecho a la objeción de conciencia. Si a ello añadimos

---

2010, pp. 208-209, que proponen una forma cabal de llevar a cabo los registros de objetores. Algunos de los mencionados en su artículo están funcionando desde hace años en ciertos Colegios de Médicos de España (ejemplo: Málaga –2000– o Madrid –2006–).

[110] Veamos, por ejemplo, el caso del registro de objetores de conciencia en materia de eutanasia de la Comunidad de Madrid, regulado por el *Decreto 225/2021, de 6 de octubre, del Consejo de Gobierno, por el que se crean y regulan el registro de profesionales sanitarios objetores de conciencia a realizar la ayuda para morir y la comisión de garantía y evaluación* ("Decreto 225/2021"). Dicha norma tiene como doble finalidad (artículo 2) "hacer efectivo el derecho a la objeción de conciencia de los profesionales sanitarios directamente implicados" en la eutanasia y, al mismo tiempo, "hacer efectivo el derecho de toda persona a solicitar y recibir" dicha eutanasia.

Acerca del Registro, el Decreto 225/2021 dispone que sea en soporte digital, tenga naturaleza administrativa, esté sujeto al principio de confidencialidad y a la normativa en materia de Protección de Datos de Carácter Personal y solo puedan acceder a él "las personas titulares de la Viceconsejería y de las Direcciones generales competentes en materia de asistencia sanitaria del Servicio Madrileño de Salud" (artículos 4 y 7), así como los profesionales inscritos (que únicamente tendrán acceso a sus propios datos, según dispone el artículo 13).

A la hora de inscribir la objeción, se exige consignar todos los datos del objetor (nombre, apellidos, número de DNI, categoría profesional, lugar y dirección del puesto de trabajo del profesional sanitario y firma electrónica, según el artículo 9), pero no se hace constar el motivo de la objeción. –De hacerlo, sería inconstitucional, pues vulneraría abiertamente el contenido del artículo 16.2 de la Carta Magna–.

El artículo 11 del Decreto 225/2021 dispone que "la declaración de objeción de conciencia se mantendrá en el tiempo hasta que sea cancelada previa solicitud de revocación del profesional objetor inscrito en el Registro".

que, de tal inscripción, se pueden derivar consecuencias negativas a nivel sociolaboral, la conclusión es sencilla: la LO 3/2021 tiene un interés evidente en que los profesionales sanitarios no objeten, sino que se presten a realizar eutanasias. De hecho, no hay más que leer con detenimiento el preámbulo de la norma para percatarse de que la *ratio legis* es promover la eutanasia, más que permitirla.

En suma, la LO 3/2021 reconoce de forma expresa la existencia del derecho a la objeción de conciencia, si bien lo hace con las notables limitaciones objetivas y subjetivas que hemos ido desgranando.

3.1.2. La Ley Orgánica 1/2023, de 28 de febrero, por la que se modifica la Ley Orgánica 2/2010, de 3 de marzo, de salud sexual y reproductiva y de la interrupción voluntaria del embarazo

La segunda de las normas que analizaremos es la *Ley Orgánica 1/2023, de 28 de febrero, por la que se modifica la Ley Orgánica 2/2010, de 3 de marzo, de salud sexual y reproductiva y de la interrupción voluntaria del embarazo* (en adelante, "LO 1/2023" o la "Ley del aborto"). Se trata de una ley recientemente aprobada, en cuya tramitación parlamentaria se han repetido las críticas –sociales y profesionales, especialmente provenientes de los gremios médico y bioético[111]– que ya se produjeron en torno a

---

[111] Destacable es la declaración del presidente del Colegio de Médicos de Madrid, el Dr. D. Manuel Martínez-Sellés, que critica que, además de que la ley vulnera frontalmente la obligación de preservar la vida recogida en el Código deontológico médico (artículo 55), no se ha recabado, duran-

la deficitaria regulación de la objeción de conciencia de la LO 3/2021.

Es importante señalar que esta ley no plantea una regulación esencialmente novedosa en materia de aborto, sino que se limita, como indica su título, a modificar la *Ley Orgánica 2/2010, de 3 de marzo, de salud sexual y reproductiva y de la interrupción voluntaria del embarazo*, la cual permanece vigente. Los cambios que introduce son, principalmente, cinco. En primer lugar, permite que las menores de 16 y 17 años aborten sin necesidad de consentimiento de sus padres o representantes legales[112]. En segundo lugar, elimina el periodo de reflexión de tres días que, obligatoriamente, habían de respetar las clínicas antes de practicar un aborto a una mujer que lo hubiese solicitado[113] –este plazo tenía por objeto que una decisión de tan graves consecuencias pudiera ser tomada con algo más de libertad o, por mejor decir, con algo más de sosiego–. En tercer lugar, suprime la obligatoriedad de los centros donde se realizan abortos de proporcionar información a las mujeres que van a abortar acerca de las ayudas sociales de las que podrían disponer para llevar a término su embarazo[114]. En cuarto lugar,

---

te la tramitación parlamentaria, el criterio de los organismos médicos y bioéticos. Acceso en línea: https://isanidad.com/224274/dr-manuel-martinez-selles-icomem-la-nueva-ley-del-aborto-no-ha-contado-con-los-profesionales/?doing_wp_cron=1680330410.3747999668121337890625

[112] Artículo 13 bis, en la nueva redacción de la LO 2/2010 dada por la LO 1/2023.

[113] Artículo 14 de la LO 2/2010.

[114] Artículo 17.2, en la nueva redacción de la LO 2/2010 dada por la LO 1/2023.

amplía la regulación de la objeción de conciencia mediante la regulación de los registros de objetores. Por último, la Ley introduce, respecto del texto de 2010, numerosas menciones alusivas a la "protección de los derechos sexuales y reproductivos"[115] por parte de las administraciones públicas; por ejemplo, a través de la "sensibilización e información"[116] social, o el "apoyo a entidades sociales especializadas"[117] en "programas de promoción y difusión de buenas prácticas"[118], desde una perspectiva claramente proclive al aborto.

Veamos cómo se regula en la objeción de conciencia en la LO 1/2023:

i. La primacía del aborto sobre la objeción de conciencia es más evidente que en la Ley de la eutanasia: "El acceso o la calidad asistencial de la prestación no se verán afectados por el ejercicio individual del derecho a la objeción de conciencia"[119]. Sorprendentemente, al tiempo que afirma esto, el preámbulo del texto tilda de "ilustrativo" "el escrupuloso respeto al derecho constitucional a la objeción de conciencia".

---

[115] Título III.

[116] Artículo 25, en la nueva redacción de la LO 2/2010 dada por la LO 1/2023.

[117] Artículo 26, en la nueva redacción de la LO 2/2010 dada por la LO 1/2023.

[118] Artículo 26, en la nueva redacción de la LO 2/2010 dada por la LO 1/2023.

[119] Preámbulo, IV y artículo 19 bis.2, en la nueva redacción de la LO 2/2010 dada por la LO 1/2023.

ii. El apartado II del preámbulo, justificándose en dos informes de la ONU[120], habla sin ambages de "asegurar que el ejercicio de la objeción de conciencia no fuese un obstáculo para que las mujeres tengan acceso a servicios de salud sexual y reproductiva, particularmente a la interrupción voluntaria del embarazo"[121]. Y continúa: "en los casos en que se permite la objeción de conciencia, los Estados siguen teniendo la obligación de velar por que no se limite el acceso de las mujeres a los servicios de salud reproductiva y por que la objeción de conciencia sea una práctica personal, y no institucional"[122].

iii. En términos similares a los empleados en la Ley de la eutanasia, el derecho a la objeción de conciencia frente al aborto se explicita –en el apartado IV del preámbulo– como "una decisión individual"[123], solo para profesionales sanitarios "directamente implicado[s] en la realización de la interrupción voluntaria del embarazo"[124], y que requiere su manifestación "con antelación y por escrito"[125]. Se trata de una decisión revocable en todo momento[126].

---

[120] Del Comité de Derechos Económicos, Sociales y Culturales y del Grupo de Trabajo del Consejo de Derechos Humanos.

[121] Preámbulo, II.

[122] Ídem.

[123] Preámbulo, IV y artículo 19 bis.1, en la nueva redacción de la LO 2/2010 dada por la LO 1/2023.

[124] Ídem.

[125] Ídem.

[126] Artículo 19 bis.1, en la nueva redacción de la LO 2/2010 dada por la

iv. Asimismo, el ejercicio de la objeción de conciencia exige la previa inscripción del sanitario objetor en un registro público autonómico, al que se dota de mayores garantías en materia de protección de datos que en el caso del registro de objetores frente a la eutanasia[127].

v. Se añade, a diferencia de la LO 3/2021, que se han de adoptar "las medidas organizativas necesarias para garantizar la no discriminación tanto de las personas profesionales sanitarias no objetoras, evitando que se vean relegadas en exclusiva a la práctica de la interrupción voluntaria del embarazo, como de las personas objetoras para evitar que sufran cualquier discriminación derivada de la objeción"[128].

Concluimos, por tanto, comparativamente con la regulación de la objeción que efectúa la LO 3/2021 de la eutanasia, que la LO 1/2023 del aborto, si bien incide más en la garantía del derecho a la prestación, refuerza al mismo tiempo el propósito de garantizar la no discriminación de los objetores. Claro que, a tenor de la enunciación legal ("se adoptarán las medidas necesarias") –que no indica quiénes lo harán, de qué forma ni cuándo, sino que delega estas concreciones en una futura norma de tipo reglamentario o autonómico–, no es de esperar una mejora real del ejercicio del derecho de los sanitarios a objetar de la práctica del aborto.

LO 1/2023.

[127] Cfr. Disposición adicional cuarta y artículo 19 ter, en la nueva redacción de la LO 2/2010 dada por la LO 1/2023.

[128] Artículo 19 ter.4, en la nueva redacción de la LO 2/2010 dada por la LO 1/2023.

3.2. Noción de conciencia que subyace a la regulación de la objeción de conciencia en las leyes de la eutanasia y del aborto

"Se va constituyendo una dictadura del relativismo que no reconoce nada como definitivo y que deja como última medida sólo el propio yo y sus antojos"[129].

Si bien las dos leyes a las que nos hemos referido son independientes, es obvio que existe entre ambas una estrecha relación, tanto por la analogía de su objeto (la garantía del derecho a morir –eutanasia– o del derecho a matar –aborto–) como por la similar regulación de la objeción de conciencia.

Aunque el preámbulo de la Ley de la eutanasia refiere que el fundamento de la objeción es "el respeto a la libertad de conciencia", lo cierto es que tal respeto no es absoluto sino que presenta graves carencias, toda vez que la ley limita el derecho a la objeción de conciencia y su ejercicio en la forma que hemos expuesto: no se aplica a toda persona aunque de hecho su actuación sea causa –mediata– de la eutanasia; decae ante la presencia de otros derechos, incluso aunque estos no traigan causa de la dignidad ontológica absoluta de la persona (cosa que sí ocurre en el caso del derecho a la vida); su ejercicio está condicionado al cumplimiento previo de determinadas gestiones que conllevan, además, una serie de perjuicios reales y/o potenciales. Tales limitaciones operan de igual modo en la Ley del aborto que, a mayor abundamiento, ni siquiera hace alusión al fundamento de la objeción.

---

[129] RATZINGER, J., *Homilía en la Misa Pro eligendo Pontífice*, 18 de abril de 2005.

La configuración legal de la objeción a la que nos hemos referido no es fortuita, sino que responde a una concreta noción de la conciencia y, por ende, del hombre. La describe muy bien la encíclica *Veritatis splendor,* publicada durante el pontificado de san Juan Pablo II –cuya redacción contó con la inestimable colaboración de Benedicto XVI–[130]. Esta encíclica se hace eco de ciertas corrientes de pensamiento moderno que consideran que lo absoluto no es la dignidad ontológica del hombre sino su libertad. De ello se sigue una noción de conciencia que ya no es testigo de la acción humana y de la verdad/bondad o falsedad/maldad de esta, sino una "instancia suprema del juicio moral"[131], con lo que se alcanzan las más altas cotas de subjetivismo moral.

Esta noción de conciencia está totalmente escindida de la verdad y del bien, puesto que desconfía de la capacidad del hombre para conocerlos. Por tal razón, la conciencia se convierte en un "privilegio de fijar, de modo autónomo, los criterios del bien y del mal, y actuar en consecuencia"[132], dando lugar a una "ética individualista, para la cual cada uno se encuentra ante su verdad, diversa de la verdad de los demás"[133]. La conciencia

---

[130] Prueba de ello es que la obra de Ratzinger "Si quieres la paz, respeta la conciencia de cada hombre", que citamos en este estudio, y que contiene fragmentos que se reproducen casi íntegramente en la *Veritatis splendor,* procede de un discurso dictado por él a los Obispos de Dallas en1991, con carácter previo a la publicación de la referida Encíclica.

[131] JUAN PABLO II, *Carta Encíclica Veritatis splendor a todos los obispos de la Iglesia católica sobre algunas cuestiones fundamentales de la enseñanza moral de la Iglesia,* 6 de agosto de 1993, núm. 32.

[132] Ídem.

[133] JUAN PABLO II, *Carta Encíclica Veritatis splendor a todos los obispos de la Iglesia católica sobre algunas cuestiones fundamentales de la enseñanza moral de la Iglesia,* 6 de agosto de 1993, núm. 32.

deja de ser indicador del bien moral obligado para convertirse en generadora de dicha obligación conforme a criterios de autonomía[134].

Esta visión de la conciencia se reduce, a fin de cuentas, a una idea formal –"de clara ascendencia kantiana", remarca Benedicto XVI– que permite la "autodeterminación de la libertad sobre la base de las propias convicciones"[135]. "De este modo –concluye– la conciencia no viene a ser más que la subjetividad elevada a criterio último del obrar"[136], lo que conduce al absoluto relativismo moral[137].

3.3. Concepción del derecho que manifiesta la regulación de la objeción de conciencia en las leyes de la eutanasia y del aborto

> "No hay en última instancia otro principio de la actividad política que la decisión de la mayoría, que en la vida pública ocupa el puesto de la verdad"[138].

Además de una noción de la conciencia humana y del propio hombre, la regulación de la objeción que se lleva a cabo en

---

[134] Cfr. AYUSO, *Op. Cit.*, p. 23.

[135] RATZINGER, J., *El elogio de la conciencia. La Verdad interroga al corazón*, Palabra, Madrid, 2020, p. 45.

[136] Ídem.

[137] Cfr. RATZINGER, J., "Si quieres la paz, respeta la conciencia de cada hombre. Conciencia y verdad", en *Verdad, valores, poder: piedras de toque de la sociedad pluralista*, Rialp, Madrid, 1998, pp. 61-62.

[138] RATZINGER, J., "El significado de los valores morales y religiosos en la sociedad pluralista", en *Verdad, valores, poder: piedras de toque de la sociedad pluralista*, Rialp, Madrid, 1998, pp. 85-86.

las Leyes de la eutanasia y del aborto es sintomática de una concepción concreta del derecho.

El hombre que entiende que no puede conocer la verdad, en coherencia no tratará de que el contenido de las leyes responda a la verdad de las cosas. Se pierde así la conexión elemental entre derecho y verdad, entre la norma que regula la realidad y el objeto regulado. Por ende, se niega la existencia del Derecho natural, que pone en peligro el equilibrio relativista[139], y la ley se concibe entonces como mero instrumento regulador de la convivencia diseñado *ex nihilo*[140] por el hombre, que depende únicamente de su voluntad –no de la realidad–, y que responde a razones como la utilidad, el interés político o la aceptación social. Esta es, en palabras de Benedicto XVI, "justificación de la subjetividad (...) que no se deja cuestionar"[141]. El hombre se convierte en "legislador de sí mismo"[142], y el propio sistema político se articula en torno a la libertad. Esta, entendida como autonomía absoluta y no en el sentido tomista, es garante de una democracia[143] formal que encubre

---

[139] Cfr. RATZINGER, J., "El significado de los valores morales y religiosos en la sociedad pluralista", en *Verdad, valores, poder: piedras de toque de la sociedad pluralista*, Rialp, Madrid, 1998, pp. 85-86.

[140] Recordemos aquí la noción positivista jurídica de KELSEN, H., expuesta en su obra *Teoría pura del Derecho* (manejamos la edición de Eudeba, Buenos Aires, 2009).

[141] RATZINGER, J., *El elogio de la conciencia. La Verdad interroga al corazón*, Palabra, Madrid, 2020, p. 13.

[142] AYUSO, *Op. Cit.*, p. 23.

[143] Cfr. RATZINGER, J., "El significado de los valores morales y religiosos en la sociedad pluralista", en *Verdad, valores, poder: piedras de toque de la sociedad pluralista*, Rialp, Madrid, 1998, p. 93.

un totalitarismo[144] negador de la verdad ontológica. La idea de conciencia que hemos descrito, y que se evidencia en la regulación de la objeción de conciencia de las leyes españolas del aborto y de la eutanasia, es sumamente coincidente con la que defiende el filósofo contemporáneo Rawls. Él concibe la política y el derecho como resultado de un pacto social que tiene por fundamento la capacidad de los ciudadanos –que parten de una posición de igual libertad[145]– para tener una peculiar concepción del bien y de la justicia ajustada a criterios de razonabilidad[146]. Dos principios elementales de justicia operan a modo de objeto del contrato social[147], conforme a los cuales se

---

[144] Cfr. RATZINGER, *ibid.*, p. 96. A este respecto sostiene acertadamente Dip, en *Op. Cit.*, p. 81, que el hecho de que todo el problema ético se reduzca al juicio subjetivo autónomo deriva en una justificación de todos los medios egocéntricos. Se produce entonces lo que él denomina "el tránsito de la libertad personal ilimitada al despotismo ilimitado".

[145] Cfr. MUÑOZ LÓPEZ, *Op. Cit.*, p. 276.

[146] Cfr. RAWLS, J., *Teoría de la Justicia*, Fondo de Cultura Económica, México DF, 1978, p. 29.

[147] RAWLS, en *ibid.*, p. 28, afirma: "Mi objetivo es presentar una concepción de la justicia que generalice y lleve a un nivel más elevado de abstracción la teoría del contrato social tal como se encuentra, digamos, en Locke, Rousseau y Kant". (...) La idea directriz es que los principios de la justicia para la estructura básica de la sociedad son el objeto del acuerdo original. Son los principios que las personas libres y racionales interesadas en promover sus propios intereses aceptarían en una posición inicial de igualdad como definitorios de los términos fundamentales de su asociación. (...) Este modo de considerar lo llamaré justicia como imparcialidad. Así pues, hemos de imaginarnos que aquellos que se entregan a la cooperación social eligen, en un acto conjunto, los principios que han de asignar los derechos y deberes básicos y determinar la división de los beneficios sociales. Así como cada persona tiene que decidir mediante la reflexión racional lo que constituye su bien, esto es, el sistema de fines que para él es racional perseguir, del mismo modo, un grupo de personas

"asignan derechos y deberes"[148] y se "define la división correcta de las ventajas sociales" [149]. Tales principios se enuncian así: "cada persona ha de tener un derecho igual al esquema más extenso de libertades básicas iguales que sea compatible con un esquema semejante de libertades para los demás"[150]; y "las desigualdades sociales y económicas habrán de ser conformadas de modo tal que a la vez que: a) se espere razonablemente que sean ventajosas para todos, b) se vinculen a empleos y cargos asequibles para todos"[151].

Los ciudadanos, regidos por estos principios que tienen como máximo referente la libertad, son quienes diseñan sus propias instituciones[152] y las van ajustando o remodelando según sea preciso para el interés de la permanencia del pacto social. Sobre esta misma premisa han de promulgarse, también, las leyes[153].

La de Rawls es una concepción en la que es el hombre quien decide, tanto individualmente como a nivel social –por medio de un pacto, *positivamente*–, lo que es justo y lo que no:

---

tienen que decidir de una vez y para siempre lo que para ellas significará justo o injusto".

[148] RAWLS, *Op. Cit.*, p. 27.

[149] Ídem.

[150] *Ibid.*, p. 82.

[151] Ídem.

[152] Cfr. DIETERLEN STRUCK, *Op. Cit.*, p. 72.
Por "instituciones", Rawls entiende "la constitución política y las principales disposiciones económicas y sociales. Así, la protección jurídica de la libertad de pensamiento y de conciencia, la competencia mercantil, la propiedad privada de los medios de producción y la familia monogámica son ejemplos de las instituciones sociales más importantes, (...) [que] definen los derechos y deberes del hombre e influyen sobre sus perspectivas de vida" (vid. RAWLS, *Op. Cit.*, p. 23).

[153] Cfr. MUÑOZ LÓPEZ, *Op. Cit.*, p. 276.

"los principios de la justicia serán el resultado de un acuerdo"[154] en el cual los individuos aceptan restringir parcialmente su libertad en tanto en cuanto los compañeros de pacto hagan lo propio[155]. Atendiendo a esto, "la injusticia consistirá entonces, simplemente, en las desigualdades que no benefician a todos"[156].

Si nos encontramos ante una ley injusta dentro de un contexto que, según los criterios de Rawls, es contractualmente asumida como justa, existe el deber general de obedecerla[157]. No obstante, dada la enunciación del primer principio de la justicia, las figuras como la objeción de conciencia o la desobediencia civil[158] han de tener cabida sea cual sea su motivación o la 'razón de conciencia' que las provoque –el autor no entra a estas disquisiciones–, siempre que supongan un "incremento [de] la

---

[154] Cfr. RAWLS, *Op. Cit.*, pp. 28 y 29.

[155] Cfr. *Ibid*, p. 135.

[156] *Ibid.*, p. 84.

[157] Cfr. RAWLS, *Op. Cit.*, p. 396.

[158] Rawls entiende la desobediencia civil como "un acto público como no violento, consciente y político como el contrario a la ley como cometido con el propósito de ocasionar un cambio en la ley o en los programas del gobierno. Actuando de este modo apelamos al sentido de la justicia de la mayoría de la comunidad coma y declaramos que, según nuestra opinión, los principios de la cooperación social entre personas libres e iguales no están siendo respetados" (*Ibid.*, p. 405). Y añade: "Expresa la desobediencia a la ley dentro de los límites de la fidelidad a la ley, aunque está en el límite externo de la misma" (*Ibid.*, p. 406). Su justificación no reside en "principios de moralidad personal o doctrinas religiosas, por el contrario, invocamos la concepción de la justicia comúnmente compartida, que subyace bajo el orden político" (ídem).
Por el contrario, "La objeción de conciencia consiste en no consentir un mandato legislativo más o menos directo, o una orden administrativa" (*Ibid.*, p. 410).

igualdad de libertad compatible con la de los demás"[159]. El límite de cualquier acción, incluida la que tiene por motivación el respeto a la propia conciencia, son las libertades de los demás[160]. Proteger dichas libertades ajenas puede justificar que la ley no siempre respete los dictados de la conciencia[161].

En la materia que nos ocupa, la del derecho a la vida, es claro que el legislador español no ha tenido una actitud respetuosa de la conciencia –y de la verdad a la que esta ha de remitir– como realidad inmaterial superior a él; al contrario, al dictar las dos leyes que hemos analizado, se ha considerado en posición de regular la objeción en función del interés o la utilidad, que a nuestro juicio no es otro que promover (más que tolerar) la eutanasia o el aborto. El legislador ha juzgado, en términos similares a los que emplea Rawls, que las libertades de las personas favorables a estas prácticas han de operar como límite que impida un "incremento de la igualdad de libertad" de las defensoras de la vida, y por tal razón podrían teóricamente darse casos en los cuales la objeción de conciencia no cupiera; *v. gr.*, aquellos en que, como dice el artículo 19 de la LO 1/2023, el ejercicio de la objeción pudiera menoscabar "la libertad de las mujeres que decidan interrumpir su embarazo".

Esta perspectiva *iuspositivista* entronca a la perfección con la postura de sector doctrinal y jurisprudencial que defiende que lo que permite el ejercicio de la objeción de conciencia es la *interpositio legislatoris*, a la que ya nos hemos referido en el apartado 2.2.2.2 de esta publicación. Lo cual implica afirmar que

---

[159] DIETERLEN STRUCK, *Op. Cit.,* p. 275.
[160] Cfr. RAWLS, *Op. Cit.,* p. 411.
[161] Ídem.

la objeción no tiene entidad de derecho *per se*, como ocurre, en cambio, con los demás derechos fundamentales que la Constitución enuncia. Por ello, para su reconocimiento como derecho y su consecuente ejercicio se exige la regulación legal de la objeción especificada para un supuesto concreto. En el caso que nos ocupa, únicamente del hecho de que haya un reconocimiento explícito legal de la objeción en materia de prácticas abortistas o *eutanasiadoras* se deduciría la existencia del derecho a la objeción de conciencia. Los más conservadores del referido sector doctrinal hablan de la *interpositio legislatoris* "no para reconocer sino (…) para regular el derecho en términos que permitan su plena aplicabilidad y eficacia"[162].

---

[162] STC 160/1987, Fundamento jurídico tercero.

4.

La conciencia en Benedicto XVI

"La pregunta por la conciencia nos traslada prácticamente al dominio esencial del problema moral y a interrogarnos por la existencia del hombre"[163].

Hasta ahora, hemos comentado tanto la existencia de la ley injusta como una de las posibles reacciones ante ella, la objeción de conciencia, en el contexto en las leyes vigentes de la eutanasia y del aborto. Hemos intuido, además, que, tras esa regulación, subyace una noción específica de la conciencia[164] y del derecho.

---

[163] RATZINGER, J., "Si quieres la paz, respeta la conciencia de cada hombre. Conciencia y verdad", en *Verdad, valores, poder: piedras de toque de la sociedad pluralista*, Rialp, Madrid, 1998, p. 46.

[164] Y del hombre, a fin de cuentas, aunque en la dimensión antropológica no hemos podido adentrarnos por exceder el objeto de esta investigación.

Llegados a este punto, queremos contraponer, como alternativa a esa comprensión jurídica, gnoseológica y antropológica que consideramos errada, el pensamiento de Benedicto XVI.

Ciertamente, Benedicto apenas ha hablado de la figura jurídica de la objeción de conciencia. En cambio, sí encontramos reflexiones acerca de la conciencia tanto en sus escritos filosóficos y teológicos como en sus discursos –previos y contemporáneos a su pontificado–. En el presente epígrafe trataremos de analizar su pensamiento sobre esta cuestión con el propósito de que pueda iluminar una de las preguntas que formulábamos en la introducción de esta investigación, a saber, la reacción que hemos de tener ante la ley injusta y si esta pasa, y de qué modo, por una regulación de la objeción de conciencia.

4.1. Premisa filosófica: realismo cognoscitivo

> "El hombre no puede resignarse a ser y permanecer ciego de nacimiento en cuanto a lo que es esencial: el adiós a la verdad jamás puede ser definitivo"[165].

Por razones metodológicas, antes de adentrarnos en la cuestión de la conciencia en el pensamiento de Benedicto, debemos recalcar que, en materia metafísica y gnoseológica, él adopta una postura de realismo cognoscitivo, a la que hemos aludido con anterioridad en este estudio, y que puede resumirse en una doble confianza en la existencia de una verdad objetiva y en la capacidad del hombre de conocerla racionalmente.

---

[165] RATZINGER, J., *Cristianismo. La victoria de la inteligencia sobre el mundo de las religiones*, Sorbona, París, 27 de noviembre de 1999.

La verdad no es, a su modo de ver, una conquista del hombre ni una fabricación de su intelecto, sino un don que recibe de Dios. En este sentido, él afirma que "la verdad que, como la caridad es don, nos supera (...). Incluso nuestra propia verdad, la de nuestra conciencia personal, ante todo, nos ha sido 'dada'. En efecto, en todo proceso cognitivo la verdad no es producida por nosotros, sino que se encuentra o, mejor aún, se recibe"[166]. Como no podía ser de otro modo, en tanto que teólogo teísta, añade que esa verdad es, en último término, Dios, la "Verdad última a la que toda razón tiende naturalmente"[167].

La cuestión de la verdad ha sido una de las grandes preocupaciones intelectuales y pastorales[168] de Benedicto. Él mismo reconoce: "como lema episcopal escogí dos palabras de la tercera epístola de san Juan, 'colaborador de la verdad', ante todo porque me parecía que podían expresar bien la continuidad entre mi anterior tarea y el nuevo cargo; ya que –con todas

---

[166] BENEDICTO XVI, *Carta Encíclica Caritas in veritate, a los obispos, a los presbíteros y diáconos, a las personas consagradas, a todos los fieles laicos y a todos los hombres de buena voluntad sobre el desarrollo integral en la caridad y en la verdad*, 29 de junio de 2009, núm. 34.

[167] BENEDICTO XVI, "Razón y verdad", *Cuadernos de la Cátedra de Teología*, Arzobispado de Madrid, Madrid, 2007, p. 88.

[168] En *Caritas in veritate*, número 1, afirma que "defender la verdad, proponerla con humildad y convicción y testimoniarla en la vida son formas exigentes e insustituibles de caridad". Por otra parte, en BENEDICTO XVI, *La sal de la tierra. Cristianismo e Iglesia Católica ante el nuevo milenio. Una conversación con Peter Seewald*, Ediciones Palabra, Madrid, 1997, p. 74, reconoce: "cuando el hombre escucha la voz de su conciencia, distingue el bien por encima de cualquier actitud permisiva o tolerante. Por eso es para mí un ideal y una gran tarea ayudar al hombre a reconocerla".

las diferencias que se quiera– se trataba y se trata siempre de lo mismo: seguir a la verdad, ponerse a su servicio"[169].

Años antes, en una entrevista, Benedicto había sintetizado el que, hasta el momento, había sido su itinerario de estudio filosófico-teológico acerca de la cuestión de la verdad:

"A lo largo de mi trayectoria intelectual me fui dando cuenta de lo siguiente: viendo todas nuestras limitaciones, ¿no será una arrogancia por nuestra parte decir que conocemos la verdad? Y, lógicamente, después me planteaba si no sería conveniente suprimir esa categoría. Y tratando de resolver esta cuestión, llegué a comprender y a percibir con claridad que renunciar a la verdad no sólo no solucionaba nada, sino que además se corría el peligro de acabar en una dictadura de la voluntad. Porque lo que queda después de suprimir la verdad solo es simple decisión nuestra y, por tanto, arbitrario. Si el hombre no reconoce la verdad, se degrada; si las cosas sólo son resultado de una decisión, particular o colectiva, el hombre se envilece. De este modo comprendí la importancia que tenía el concepto de verdad –con las obligaciones y exigencias que, indudablemente, conlleva– no desapareciera y fuera para nosotros una de las categorías más importantes"[170].

Benedicto es consciente de que el ambiente que le rodea –escéptico, relativista y positivista[171]– es contrario a la postura

---

[169] RATZINGER, J., *Mi vida. Recuerdos 1927-1977*, Madrid, Ediciones Encuentro, 1997, p. 130.

[170] BENEDICTO XVI, *La sal de la tierra. Cristianismo e Iglesia Católica ante el nuevo milenio. Una conversación con Peter Seewald*, Ediciones Palabra, Madrid, 1997, p. 73.

[171] Cfr. RATZINGER, J., "El significado de los valores morales y religiosos en la sociedad pluralista", en *Verdad, valores, poder: piedras de toque de la sociedad pluralista*, Rialp, Madrid, 1998, pp. 86-87.

realista: "algunos creen que la razón humana es incapaz de captar la verdad y, por tanto, de buscar el bien correspondiente a la dignidad de la persona"[172]. Está convencido de que, "en la actual fase de la secularización llamada postmoderna y marcada por formas discutibles de tolerancia, no sólo aumenta el rechazo de la tradición cristiana, sino que se desconfía incluso de la capacidad de la razón para percibir la verdad, y a las personas se las aleja del gusto de la reflexión. Según algunos, incluso la conciencia individual, para ser libre, debería renunciar tanto a las referencias a las tradiciones como a las que se fundamentan en la razón"[173].

Ambas posturas antagónicas, la que él sostiene –junto con el magisterio secular de la Iglesia y la tradición filosófica escolástica, así como otras muchas líneas de pensamiento filosófico, como el personalismo cristiano, por citar una reciente– y la que prevalece en el ámbito social del mundo contemporáneo, son ejemplificadas por Benedicto en "la controversia entre Sócrates y Platón, por un lado, y los sofistas, por otro, en la que se pone a prueba la resolución originaria de dos actitudes fundamentales: la confianza en la capacidad de verdad del hombre y una visión del mundo en la que el hombre crea sus propios criterios"[174].

Como causa de esta incapacidad para creer en la verdad y/o para captarla en la realidad, Benedicto apunta con contundencia

---

[172] BENEDICTO XVI, *Discurso a la Internacional Demócrata de Centro y Demócrata Cristiana*, 21 de septiembre de 2007, p. 1.

[173] BENEDICTO XVI, *Discurso a los participantes en la Asamblea General de la Academia Pontificia para la Vida*, 24 de febrero de 2007, p. 3.

[174] RATZINGER, J., "Si quieres la paz, respeta la conciencia de cada hombre. Conciencia y verdad", en *Verdad, valores, poder: piedras de toque de la sociedad pluralista*, Rialp, Madrid, 1998, p. 62.

al influjo del método científico que, si bien ha supuesto un avance en el conocimiento racional de cuanto nos rodea[175], al mismo tiempo "nos hace cada vez menos capaces de ver la fuente de esta racionalidad, la Razón creadora"[176]. Y recalca: "la capacidad de ver las leyes del ser material nos incapacita para ver el mensaje ético contenido en el ser"[177]. A este respecto, advierte Benedicto del peligro de inmanencia que entraña una ciencia convertida en cientificismo, esto es, en negación del estatuto científico[178] de cualquier de conocer que no aplique el método científico, que depende en último término de una falsación o comprobación empíricas.

En suma, Benedicto está convencido de que el auge del conocimiento científico que comenzó con la Modernidad, lejos de haber abierto los horizontes de la mente humana, la ha circunscrito al ámbito de lo demostrable. Resulta paradójico que, si bien por un lado la negación de la verdad metafísica se lleva a cabo en nombre de la ciencia, por otro lado "la indiferencia de

---

[175] CONTRERAS PELÁEZ, F. J., en "Benedicto XVI y la verdad", *Revista de Libros*, 15 de febrero de 2023, p. 3, afirma en este mismo sentido: "El método científico, muy eficaz en su esfera (la comprensión y predicción del funcionamiento de la naturaleza física mediante la identificación de las leyes que la gobiernan) no es el único instrumento mediante el que el hombre puede buscar la verdad. El método científico, por su propia naturaleza, sólo es competente para indagar lo visible y mensurable; pero las fronteras de lo científicamente indagable no tienen por qué coincidir con las de lo real".

[176] BENEDICTO XVI, *Discurso a los participantes en un encuentro sobre la ley moral natural*, 12 de febrero de 2007, pp. 1-2.

[177] Ídem.

[178] Cfr. BENEDICTO XVI, "Fe, verdad y cultura, reflexiones a propósito de la encíclica *Fides et Ratio*, Madrid, 16 de febrero de 2000", en "Razón y verdad", *Cuadernos de la Cátedra de Teología*, vol. 9, Arzobispado de Madrid, Madrid, 2007, p. 55.

la conciencia ante la verdad y el bien representa una peligrosa amenaza para un auténtico progreso científico"[179].

La actitud cientificista descrita tiene graves implicaciones para la vida particular de la persona y para la sociedad en su conjunto. La primera de ellas es de tipo cognoscitivo: se niega toda noción metafísica, incluyendo los conceptos de verdad y de ley natural. La segunda, consecuencia de la anterior, es de tipo moral: no se conoce el bien ni se tiende a él.

---

[179] BENEDICTO XVI, *Discurso a los participantes en la Asamblea General de la Academia Pontificia para la Vida*, 25 de febrero de 2012, p. 3. En *Caritas in veritate* núm. 4., añade que "la verdad, rescatando a los hombres de las opiniones y de las sensaciones subjetivas, les permite llegar más allá de las determinaciones culturales e históricas y apreciar el valor y la sustancia de las cosas" (ver BENEDICTO XVI, *Carta Encíclica Caritas in veritate, a los obispos, a los presbíteros y diáconos, a las personas consagradas, a todos los fieles laicos y a todos los hombres de buena voluntad sobre el desarrollo integral en la caridad y en la verdad*, 29 de junio de 2009). Por otro lado, en BENEDICTO XVI, *Discurso a los participantes en la Asamblea General de la Academia Pontificia para la Vida*, 25 de febrero de 2012, pp. 2-3, exhorta en el mismo sentido: "Deseo animaros a todos vosotros, aquí reunidos para estas jornadas de estudio y que a veces trabajáis en un contexto médico-científico donde la dimensión de la verdad resulta ofuscada: proseguid el camino emprendido de una ciencia intelectualmente honrada y fascinada por la búsqueda continua del bien del hombre. (...) Os dirijo a vosotros la apremiante exhortación que hice en la encíclica *Deus Caritas Est*: «Para llevar a cabo rectamente su función, la razón ha de purificarse constantemente, porque su ceguera ética, que deriva de la preponderancia del interés y del poder que la deslumbran, es un peligro que nunca se puede descartar totalmente. (...) La fe permite a la razón desempeñar del mejor modo su cometido y ver más claramente lo que le es propio» (n. 28). Por otra parte, precisamente la matriz cultural creada por el cristianismo —basada en la afirmación de la existencia de la Verdad y de la inteligibilidad de lo real a la luz de la Suma Verdad—, repito, la matriz cultural hizo posible en la Europa medieval el desarrollo del saber científico moderno, saber que en las culturas anteriores estaba sólo en germen".

Esta deriva, señala Benedicto, no se limita al plano de una elucubración teórica, sino que tiene consecuencias directas en la vida cotidiana, convirtiendo en "precarias e inciertas las opciones de la vida de cada día"[180]. Añade: "si no se plantea el interrogante sobre la verdad y no se admite que cada persona tiene una posibilidad concreta de alcanzarla, la vida acaba por reducirse a un abanico de hipótesis sin referencias ciertas"[181]. Ahondemos un poco más en la trascendencia práctica de esta opción fundamental: si no creemos que exista una verdad objetiva en la realidad, eso conduce inexorablemente a la duda sobre el bien. No hablamos del bien en abstracto, sino de uno muy concreto y tangible: de lo bueno para mi país, mi familia, mis amigos, mi trabajo, para mí mismo y la consecución de mi felicidad; hablamos, a fin de cuentas, del sentido de la propia existencia[182].

A quienes están tentados por la actitud que hemos descrito, Benedicto les insiste en que "el deseo de verdad pertenece a la naturaleza misma del hombre"[183], el cual "posee la fuerza del pensamiento, que siempre tiende a la verdad sobre sí mismo y sobre el mundo"[184]. Y, sumando a la reflexión filosófica ante-

---

[180] BENEDICTO XVI, *Discurso a los participantes en un encuentro sobre la ley moral natural*, 12 de febrero de 2007, pp. 1-2.

[181] "Visita a la Pontificia Universidad Lateranense", Roma, 21 de octubre de 2006. En BENEDICTO XVI, "Razón y verdad", *Cuadernos de la Cátedra de Teología*, vol. 9, Arzobispado de Madrid, Madrid, 2007, p. 87.

[182] Cfr. BENEDICTO XVI, *Discurso en la ceremonia de apertura de la Asamblea Eclesial de la Diócesis de Roma, 6 de junio de 2005*, p. 6.

[183] BENEDICTO XVI, *Discurso a los participantes en la Asamblea Plenaria de la Congregación para la Doctrina de la Fe*, 10 de febrero de 2006, p. 3.

[184] BENEDICTO XVI, *Discurso a los participantes en la Asamblea Ordinaria de la Academia Pontificia para la Vida*, 21 de febrero de 2009, p. 2.

dicha la perspectiva creyente, añade[185] que es precisamente esa apertura a la verdad propia de nuestra esencia la que permite que acojamos libremente la verdad de la revelación cristiana, lo que da sentido a la conocida cita del Evangelio de Juan: "Conoceréis la verdad y la verdad os hará libres"[186].

Como conclusión de este epígrafe, téngase en cuenta que, cuanto a continuación se expondrá, parte de la premisa de que Benedicto adopta, como hemos señalado, una postura cognoscitiva y moral realista porque, en palabras suyas, "la conciencia moral presupone la capacidad de escuchar la voz de la verdad, de ser dóciles a sus indicaciones"[187].

4.2. La noción de conciencia

4.2.1. Interés de Benedicto XVI en la cuestión de la conciencia

A modo de puntualización, nótese que, cuando Benedicto se refiere a la conciencia sin mayor especificación, lo hace en su acepción de conciencia moral –nos remitimos a la reflexión sobre los tipos de conciencia que efectuamos en el punto 2.2.1.1–.

Señala con acierto Contreras que "Benedicto XVI fue especialmente lúcido en el diagnóstico de la adulteración sufrida por el concepto de conciencia"[188], de la cual somos herederos en

---

[185] Cfr. BENEDICTO XVI, *Discurso a los participantes en la Asamblea Plenaria de la Congregación para la Doctrina de la Fe*, 10 de febrero de 2006, p. 3.

[186] Jn 8, 32.

[187] BENEDICTO XVI, *Ángelus*, 24 de julio de 2011, p. 2.

[188] CONTRERAS PELÁEZ, F. J., "Benedicto XVI y la verdad", *Revista de Libros*, 15 de febrero de 2023, p. 12.

la sociedad contemporánea. Quizás fuese la preocupación por la alteración de una realidad tan esencial como la conciencia lo que le movió a dedicar a esta cuestión una parte de su trabajo filosófico, y a abordarla además en varios de sus discursos dirigidos desde la Cátedra de san Pedro a filósofos, políticos, juristas y personas del gremio sanitario.

4.2.2. Definición de la conciencia

> "Conciencia no es otra cosa que el "corazón dócil" de Salomón, la razón abierta al lenguaje del ser"[189].

Para Benedicto, la conciencia es, en primer lugar, una capacidad específica del hombre que integra los dos elementos que conforman toda acción humana: el intelectivo[190] y el volitivo[191]. Se refiere también a la conciencia como "órgano de conocimiento"[192] que, por un lado, hace posible "la unidad del hombre"[193]

---

[189] BENEDICTO XVI, *Visita al Parlamento Federal*, Reichstag, Berlín, 22 de septiembre de 2011, p. 3.

[190] En la Visita al Parlamento Federal citada en la nota anterior habló de la facultad intelectiva del hombre en términos de "razón abierta" a la verdad, contenida en la realidad que nos circunda y en nosotros mismos.

[191] BENEDICTO XVI, en el Ángelus de 24 de julio de 2011, p. 1, se refirió a esta potencia sintetizándola con el apelativo de "corazón atento".

[192] RATZINGER., J., "La libertad, la justicia y el bien. Principios morales de las sociedades democráticas". Discurso con motivo de la recepción como *membre associé* étranger *de l'Académie des Ciences Morales et Politiques des Institut de France,* pronunciado en París el 7 de noviembre de 1992. En *Verdad, valores, poder: piedras de toque de la sociedad pluralista,* Rialp, Madrid, 1998, p. 31.

[193] BENEDICTO XVI, "Fe, verdad y cultura, reflexiones a propósito de la encíclica *Fides et Ratio,* Madrid, 16 de febrero de 2000", en *Razón y verdad,* Arzobispado de Madrid, Madrid, 2007, p. 55.

(la unidad entre las dos dimensiones antedichas), y por otro le permite "ejercitar la gran dignidad humana consistente en obra[r] el bien y evita[r] el mal"[194].

La conciencia es, pues, un modo particular del ejercicio de la razón humana –una "razón abierta"[195]– que permite la unidad del conocimiento y la acción moral, y que posee una primera dimensión especulativa ordenada a una segunda dimensión práctica.

Esta noción de la conciencia se enraíza en la doctrina de la Iglesia, que define la conciencia moral como "juicio de la razón por el que la persona humana reconoce la calidad moral de un acto concreto que piensa hacer, está haciendo o ha hecho"[196]. Por otro lado, la encíclica *Veritatis splendor*, a la que ya hemos hecho alusión, se refiere a la conciencia como "acto de la inteligencia de la persona, que debe aplicar el conocimiento universal del bien en una determinada situación y expresar así un juicio sobre la conducta recta que hay que elegir aquí y ahora"[197]. Benedicto hace más hincapié en la dimensión potencial de la conciencia (órgano que posibilita, razón abierta), mientras que el Catecismo y *Veritatis splendor* enfatizan más la dimensión actual (juicio, acto de la inteligencia); no obstante, ambas nociones son análogas.

Si bien es cierto que Benedicto no ha ofrecido una definición completa y cerrada de la conciencia, sí ha sido más prolijo a la hora de detallar lo que *no* es. A su juicio, la conciencia moral

---

[194] BENEDICTO XVI, Ángelus, 24 de julio de 2011, p. 2.

[195] BENEDICTO XVI, *Visita al Parlamento Federal*, Reichstag, Berlín, 22 de septiembre de 2011, p. 3.

[196] *Catecismo de la Iglesia Católica*, núm. 1778.

[197] JUAN PABLO II, *Carta Encíclica Veritatis splendor a todos los obispos de la Iglesia católica sobre algunas cuestiones fundamentales de la enseñanza moral de la Iglesia*, 6 de agosto de 1993, núm. 32.

no es subjetividad o autoconciencia: "no es posible identificar la conciencia humana con la autoconciencia del yo, con la certeza subjetiva de sí y del propio comportamiento moral. Esta conciencia puede ser a veces un mero reflejo del entorno social y de las opiniones difundidas en él. Otras veces puede estar relacionada con una pobre autocrítica, con no escuchar suficientemente la profundidad del alma"[198].

La conciencia tampoco es, según él, una convicción superficial acerca de la verdad de las cosas. A este respecto, sostiene que, "quien equipara la conciencia a la convicción superficial, la identifica con seguridad aparentemente racional, tejida de fatuidad, conformismo y negligencia. La conciencia se degrada a la condición de mecanismo exculpatorio en lugar de representar la transparencia del sujeto para reflejar lo divino, y, como consecuencia, se degrada también la dignidad y la grandeza del hombre. La reducción de la conciencia a seguridad subjetiva significa la supresión de la verdad"[199].

La conciencia en el pensamiento de Benedicto aparece, pues, fuertemente ligada a la verdad, y se presenta como apertura a esta. De no estar unida a la verdad, se convierte en una justificada[200] "cáscara de la subjetividad, bajo la cual el hombre puede huir de la realidad"[201]. Esta es precisamente la noción de

---

[198] RATZINGER, J., "Si quieres la paz, respeta la conciencia de cada hombre. Conciencia y verdad", en *Verdad, valores, poder: piedras de toque de la sociedad pluralista*, Rialp, Madrid, 1998, p. 54.

[199] *Ibid.*, p. 55.

[200] RATZINGER, J., *El elogio de la conciencia. La Verdad interroga al corazón*, Palabra, Madrid, 2020, p. 13.

[201] Ídem. Ver también RATZINGER, J., "Si quieres la paz, respeta la conciencia de cada hombre. Conciencia y verdad", en *Verdad, valores,*

conciencia del liberalismo –a la que nos referíamos anteriormente, representada, *v. gr.*, por Rawls–, en la cual "la conciencia
es la instancia que nos dispensa de la verdad"[202].

Benedicto contrapone las dos visiones contemporáneas de
la conciencia en unas reflexiones vertidas al hilo de la Encíclica
Fides et ratio:

"Se enfrentan hoy dos conceptos contrarios de conciencia (...). Para Pablo la conciencia es el órgano de la transparencia del único Dios con todos los hombres. (...) En cambio,
actualmente la conciencia aparece como expresión del carácter
absoluto del sujeto, sobre el que no puede haber, en el campo
moral, ninguna instancia superior. Lo bueno como tal no es
cognoscible. El Dios único no es cognoscible. En lo que afecta a la moral y a la religión, la última instancia es el sujeto.
Esto es lógico si la verdad como tal es inaccesible. Así, en el
concepto moderno de conciencia, esta es la canonización del
relativismo, de la imposibilidad de normas morales y religiosas
comunes, mientras que, por el contrario, para Pablo y la tradición cristiana había sido la garantía para la unidad del hombre
y para la cognoscibilidad de Dios, para la obligatoriedad común del mismo y único bien"[203].

poder: piedras de toque de la sociedad pluralista*, Rialp, Madrid, 1998, p. 49.

[202] RATZINGER, J., *El elogio de la conciencia. La Verdad interroga al corazón*, Palabra, Madrid, 2020, p. 13.

[203] BENEDICTO XVI, "Fe, verdad y cultura, reflexiones a propósito
de la encíclica *Fides et Ratio*, Madrid, 16 de febrero de 2000", en "Razón y
verdad", *Cuadernos de la Cátedra de Teología*, vol. 9, Arzobispado de Madrid,
Madrid, 2007, p. 56.

4.2.3. Origen de la conciencia

Puesto que la conciencia integra las facultades intelectiva y volitiva, que son exclusivas del hombre, podemos afirmar que el ser humano es, entre todas las criaturas, la única que tiene conciencia.

El origen de la conciencia se encuentra, sostiene Benedicto, en la dimensión espiritual del hombre, que, como se afirma desde la filosofía medieval, es en esencia una "sustancia individual de naturaleza racional"[204]. La racionalidad es entendida aquí más como apertura al Absoluto que como raciocinio intelectivo, y una muestra de tal apertura es precisamente que el ser humano tiene "la imagen de Dios (…) profundamente grabada en el alma"[205].

La conjunción de ambos elementos (racionalidad abierta a la verdad y deseo de la Verdad impreso en nuestro interior) hace posible –afirma Benedicto– que "los hombres y las mujeres, viviendo y actuando en el mundo físico como seres espirituales, percib[a]n la presencia penetrante de un *logos* que les permite distinguir no solo entre lo verdadero y lo falso, sino también entre el bien y el mal, entre lo mejor y lo peor, entre la justicia y la injusticia"[206]. Esto implica también "que difícilmente pued[a] silenciarse del todo la voz de la conciencia"[207].

---

[204] BOECIO, *Sobre la persona y las dos naturalezas*, en FERNÁNDEZ, C., *Los filósofos medievales. Selección de textos*, Biblioteca de Autores Cristianos, Madrid, 1979, vol. 1, p. 545.

[205] BENEDICTO XVI, *Discurso a los participantes en la Conferencia internacional sobre el genoma humano*, 19 de noviembre de 2005, p. 2.

[206] BENEDICTO XVI, *Discurso a los miembros de la Academia Pontificia de Ciencias Sociales*, 4 de mayo de 2009, p. 2.

[207] BENEDICTO XVI, *Discurso a los participantes en la Conferencia internacional sobre el genoma humano*, 19 de noviembre de 2005, p. 2.

Esta presencia del *Logos* de la que habla Benedicto tiene un claro influjo agustiniano y platónico; así, el santo de Hipona sostenía que "no podríamos decir con seguridad que una cosa es mejor que otra si no hubiera sido grabado en nosotros una comprensión fundamental de lo bueno"[208].

En la misma línea que hemos expuesto, la constitución pastoral *Gaudium et spes* habla de la conciencia como una voz que resuena en los oídos del corazón, y que hace al hombre percibir "una ley escrita por Dios (...), en cuya obediencia consiste la dignidad humana y por la cual será juzgado personalmente"[209]. Precisamente por ser seres racionales y espirituales los hombres podemos captar la ley natural[210], que es participación de la ley eterna[211], y que Benedicto define como "guía universal que todos pueden reconocer y sobre [cuya] (...) base todos pueden comprenderse y amarse recíprocamente"[212].

---

[208] Cfr. RATZINGER, J., "Si quieres la paz, respeta la conciencia de cada hombre. Conciencia y verdad", en *Verdad, valores, poder: piedras de toque de la sociedad pluralista*, Rialp, Madrid, 1998, p. 67. –Benedicto cita aquí la obra agustiniana *De Trinitate* VIII, 3, 4: PL 42, 949–.

[209] *Constitución pastoral Gaudium et spes sobre la Iglesia en el mundo actual*, núm. 16.

[210] SANTO TOMÁS DE AQUINO, en la *Suma de Teología* I-II, *quae*. 94, art. 4, afirma que "la ley natural, en cuanto a los primeros principios universales, es la misma para todos los hombres, tanto en el contenido como en el grado de conocimiento". Esta ley natural –añade en el art. 5– "es completamente inmutable en lo que se refiere a los primeros principios de la misma". Y, en el art. 6, puntualiza: "en cuanto a los principios más comunes, la ley natural no puede en modo alguno ser borrada de los corazones de los hombres si se la considera en universal".

[211] *Ibid.*, *quae*. 91, art. 2.

[212] BENEDICTO XVI, *Discurso a los miembros de la Academia Pontificia de Ciencias Sociales*, 4 de mayo de 2009, p. 2.

Benedicto, haciéndose eco de la doctrina del Concilio, nos recuerda que esa búsqueda de la verdad, a la cual nuestra propia naturaleza de criatura espiritual nos impulsa, no solo constituye un derecho sino, correlativamente, un deber moral[213].

4.2.4. Función de la conciencia

En un Discurso pronunciado ante la Academia Pontificia para la Vida, Benedicto recalcó que "es tarea de la conciencia moral discernir el bien del mal en las distintas situaciones de la existencia, a fin de que, basándose en este juicio, el ser humano pueda orientarse libremente al bien"[214], es decir, "ejercitar la gran dignidad humana de actuar según la recta conciencia, obrando el bien y evitando el mal"[215].

Al definir la conciencia, señalábamos que es un modo particular del ejercicio de la razón humana que permite al hombre la unidad del conocimiento y la acción moral. Su función, por lo tanto, es conocer el bien (dimensión intelectiva) para permitir que el hombre se oriente a él (dimensión volitiva). Ese *conocer* lo describe Benedicto también como tener un "corazón atento",

---

[213] BENEDICTO XVI, Ángelus, 4 de diciembre de 2005, pp. 1-2. "Todos los hombres, conforme a su dignidad, por ser personas, es decir, dotados de razón y de voluntad libre, y enriquecidos por tanto con una responsabilidad personal, están impulsados por su misma naturaleza y están obligados además moralmente a buscar la verdad, sobre todo la que se refiere a la religión. Están obligados, asimismo, a aceptar la verdad conocida y a disponer toda su vida según sus exigencias" (*Declaración Dignitatis humanae sobre la libertad religiosa*, núm. 2).

[214] BENEDICTO XVI, *Discurso a los participantes en la Asamblea General de la Academia Pontificia para la Vida*, 26 de febrero de 2011, p. 2.

[215] BENEDICTO XVI, Ángelus, 24 de julio de 2011, p. 2.

(...) una conciencia que sabe escuchar, que es sensible a la voz de la verdad y, por eso, es capaz de discernir el bien del mal"[216].

Por más que la función que desempeña la conciencia sea connatural natural al hombre, no por ello es sencillo ponerla por obra: dado que, por definición, está dirigida a una opción moral, implica poner en juego nuestra libertad[217]. En una sociedad en la que, como ya hemos reiterado, se duda de la existencia de la verdad y del bien objetivos, y se ha cejado en el empeño de su búsqueda, "ciertamente, –reconoce Benedicto– el camino de altura hacia la verdad y el bien no es cómodo"[218]. Sin embargo, añade que "no es el confortable encerrarse en sí mismo lo que salva. Cuando procede así, el hombre se atrofia y se pierde"[219], porque niega su naturaleza. En cambio, "cuando el hombre escucha la voz de su conciencia, distingue el bien por encima de cualquier actitud permisiva o tolerante"[220].

En suma, la función de la conciencia según la doctrina de Benedicto es clara: discernir el bien, que es el paso previo necesa-

---

[216] *Ibid.*, p. 1.

[217] La CONFERENCIA EPISCOPAL ESPAÑOLA, en su *Nota doctrinal sobre la objeción de conciencia*, 8-9 de marzo de 2022, núm. 18, asevera: "actuar según la propia conciencia no siempre es fácil: exige la percepción de los principios fundamentales de moralidad, su aplicación a las circunstancias concretas mediante el discernimiento, y la formación de un juicio sobre los actos que se van a realizar".

[218] RATZINGER, J., "Si quieres la paz, respeta la conciencia de cada hombre. Conciencia y verdad", en *Verdad, valores, poder: piedras de toque de la sociedad pluralista*, Rialp, Madrid, 1998, p. 74.

[219] Ídem.

[220] BENEDICTO XVI, *La sal de la tierra. Cristianismo e Iglesia Católica ante el nuevo milenio. Una conversación con Peter Seewald*, Ediciones Palabra, Madrid, 1997, p. 74.

rio para poder ponerlo por obra en ejercicio de nuestra libertad. Abundando en esta idea, la Conferencia Episcopal Española, en una reciente nota doctrinal que versa precisamente sobre de la objeción de conciencia, ha remarcado que, "para que pueda conocer en cada momento lo que es bueno o malo, junto al don de la libertad, Dios ha dotado al ser humano de la conciencia, que es –citando el texto de *Gaudium et spes*– «el núcleo más secreto y el sagrario del hombre, en el que está solo con Dios, cuya voz resuena en lo más íntimo de ella»"[221].

4.2.5. Cómo opera la conciencia

La forma en la que Benedicto concibe el funcionamiento de la conciencia se inserta en la tradición escolástica, aunque contiene ciertas novedades o matizaciones, concretamente respecto de la doctrina tomista.

En primer lugar, para santo Tomás la conciencia es un acto; en cambio, Benedicto la concibe en términos de potencialidad o capacidad, como un "sentido interior"[222], un "órgano de conocimiento"[223].

---

[221] CONFERENCIA EPISCOPAL ESPAÑOLA, *Nota doctrinal sobre la objeción de conciencia*, 8-9 de marzo de 2022, núm. 16.

[222] RATZINGER, J., "Si quieres la paz, respeta la conciencia de cada hombre. Conciencia y verdad", en *Verdad, valores, poder: piedras de toque de la sociedad pluralista*, Rialp, Madrid, 1998, p. 67.

[223] RATZINGER., J., "La libertad, la justicia y el bien. Principios morales de las sociedades democráticas". Discurso con motivo de la recepción como *membre associé* étranger *de l'Académie des Ciences Morales et Politiques des Institut de France,* pronunciado en París el 7 de noviembre de 1992. En *Verdad, valores, poder: piedras de toque de la sociedad pluralista*, Rialp, Madrid, 1998, p. 31.

En segundo lugar, Benedicto se hace eco de la tradición filosófica y veterotestamentaria de la conciencia y distingue en ella dos niveles, el de la sindéresis y el de la conciencia, a diferencia del aquinate, que solo concibe uno. Para el primero de esos niveles propone, además, un cambio de denominación[224], consistente en sustituir el término "sindéresis"[225] (conservación, observancia, preservación) por el de "anámnesis"[226] (recuerdo) que empleaba Platón[227] en su teoría del conocimiento, por tener un significado más claro[228], más ligado a la memoria[229] y más fiel a la noción paulina de la conciencia:

---

[224] Cfr. RATZINGER, J., "Si quieres la paz, respeta la conciencia de cada hombre. Conciencia y verdad", en *Verdad, valores, poder: piedras de toque de la sociedad pluralista*, Rialp, Madrid, 1998, p. 65.

[225] Συντήρησις.

[226] ἀνάμνησις.

[227] En el diálogo *Menón* 81c-81d, Platón señala: "el alma, pues, siendo inmortal y habiendo nacido muchas veces, y visto efectivamente todas las cosas, tanto las de aquí como las del Hades, no hay nada que no haya aprendido; de modo que no hay de qué asombrarse si es posible que recuerde, no solo la virtud, sino el resto de las cosas que, por cierto, antes también conocía. (…) Habiendo el alma aprendido todo, nada impide que quien recuerde una cosa –eso que los hombres llaman aprender– encuentre él mismo todas las demás, si es valeroso e infatigable en la búsqueda. Pues, en efecto, el buscar y el aprender no son otra cosa, en suma, que una reminiscencia". Versión consultada: PLATÓN, *Diálogos, II. Gorgias, Menéxeno, Eutidemo, Menón, Crátilo*, Biblioteca Clásica Gredos, Madrid, 1987.

[228] Cfr. RATZINGER, J., "Si quieres la paz, respeta la conciencia de cada hombre. Conciencia y verdad", en *Verdad, valores, poder: piedras de toque de la sociedad pluralista*, Rialp, Madrid, 1998, p. 65.

[229] En este sentido –señala Benedicto en *ibid.*, p. 71– se ha de entender el brindis que propone Newman en su Carta al Duque de Norfolk ("si yo tuviera que brindar por la religión, lo cual es altamente improbable, lo haría por el Papa. Pero en primer lugar por la conciencia"), porque sin conciencia no habría papado; el papa no hace sino desarrollar la conciencia cristiana entendida como memoria y defenderla.

"En efecto, cuando los gentiles, que no tienen ley, cumplen naturalmente las exigencias de la ley, ellos, aun sin tener ley, son para sí mismos ley. Esos tales muestran que tienen escrita en sus corazones la exigencia de la ley; contando con el testimonio de la conciencia y con sus razonamientos internos contrapuestos, unas veces de condena y otras de alabanza"[230].

Para santo Tomás, en cambio, la conciencia opera en un solo nivel, que él denomina *conscientia* (Benedicto reflexiona también que quizás la identificación entre el término que clásicamente ha designado a la conciencia y lo que él concibe como una sola de sus fases haya contribuido al estrechamiento del concepto)[231]. Mediante la conciencia, dice santo Tomás, el hombre juzga "sobre las verdades que hemos descubierto por medio del razonamiento"[232], unas verdades que concibe en el intelecto como "evidentes por naturaleza, sin necesidad de investigación racional"[233]. Este juicio tiene lugar conforme a un criterio que es proporcionado por el primer principio de la virtud de la prudencia[234], a la que él llama sindéresis, y que define como hábito infundido en nosotros por naturaleza que "impulsa al bien y censura el mal"[235].

La propuesta de Benedicto consiste en la distinción, dentro del fenómeno global de la conciencia, de dos planos conse-

---

[230] Rom. 2, 14-15.

[231] Cfr. RATZINGER, J., "Si quieres la paz, respeta la conciencia de cada hombre. Conciencia y verdad", en *Verdad, valores, poder: piedras de toque de la sociedad pluralista*, Rialp, Madrid, 1998, p. 71.

[232] TOMÁS DE AQUINO, *Suma de Teología*, I, *quae.* 79, art. 12.

[233] Ídem.

[234] Cfr. VV. AA. (Coord: Agejas Esteban, J. A.), *La tarea de ser mejor. Curso de Ética*, Universidad Francisco de Vitoria, Madrid, 2007, p. 125.

[235] TOMÁS DE AQUINO, *Suma de Teología*, I, *quae.* 79, art. 12.

cutivos, el de la *"synderesis"* y el de la *"conscientia"*, que deben diferenciarse, pero entenderse de manera relacionada para garantizar una comprensión integral[236]. De este modo, recupera el término tomista de sindéresis, que el aquinate circunscribía a la noción de la virtud de la prudencia[237], y lo une indefectiblemente a la *conscientia* en una sola potencialidad del hombre, que denomina conciencia.

Para Benedicto, el primero de los niveles (la anámnesis) se desenvuelve en un nivel ontológico, pues pertenece a la esencia de la persona. Dado que todo ser humano es creado a imagen de Dios[238], tiene en sí un recuerdo primordial de lo bueno y lo verdadero[239]. Como "nuestro ser (...) está hecho para Dios"[240], el hombre "ve que es eso a lo que remite su naturaleza y hacia lo que quiere ir"[241]. La anámnesis consiste precisamente en ese "sentido interior"[242], en esa "capacidad de reconocer"[243] el bien y la verdad íntimamente grabados en la racionalidad de cada uno. A ese primer nivel ontológico le sigue otro operativo, en el cual se producen el juicio y la decisión, la aplicación del saber

---

[236] Cfr. RATZINGER, J., "Si quieres la paz, respeta la conciencia de cada hombre. Conciencia y verdad", en *Verdad, valores, poder: piedras de toque de la sociedad pluralista*, Rialp, Madrid, 1998, pp. 67 y ss.

[237] Cfr. TOMÁS DE AQUINO, *Suma de Teología*, I-II, *quae*. 47, arts. 2-6.

[238] Cfr. RATZINGER, J., "Si quieres la paz, respeta la conciencia de cada hombre. Conciencia y verdad", en *Verdad, valores, poder: piedras de toque de la sociedad pluralista*, Rialp, Madrid, 1998, p. 67.

[239] Ídem.

[240] Ídem.

[241] Ídem.

[242] Ídem.

[243] Ídem.

proporcionado por la anámnesis a las actuaciones concretas[244]. Este segundo nivel es el que se corresponde con la definición tomista de conciencia, si bien Benedicto admite que santo Tomás no prescinde del todo del primero de los niveles, sino que lo da por supuesto[245] (vinculado, eso sí, a la prudencia, no a la conciencia, como hemos explicado). Para el aquinate, la conciencia tiene como propio "dar testimonio, ligar o instigar, y, también, acusar, remorder o reprender: cosas todas que siguen a la aplicación de nuestro conocimiento a lo que hacemos"[246].

En esta concepción de Benedicto del funcionamiento de la conciencia en dos planos, ligados pero diferenciados, se pone nuevamente de manifiesto la vinculación que se da, en sede de la conciencia, entre inteligencia y la voluntad, en clave de dualidad –no de dualismo–: la inteligencia percibe, a modo de recuerdo plasmado en el interior del ser de la persona, una inclinación al bien; la voluntad libre puede después cooperar en reconocerla –y ajustar la acción a tal reconocimiento– o, por el contrario, renegar de esa percepción[247]. Es decir, "reconocer o no reconocer algo depende siempre de la voluntad, que destruye el conocimiento o conduce a él"[248]. Este proceso es un todo unificado.

---

[244] Cfr. *Ibid.*, p. 72.

[245] Cfr. RATZINGER, J., "Si quieres la paz, respeta la conciencia de cada hombre. Conciencia y verdad", en *Verdad, valores, poder: piedras de toque de la sociedad pluralista*, Rialp, Madrid, 1998, p. 67.

[246] TOMÁS DE AQUINO, *Suma de Teología*, I, *quae.* 79, art. 13.

[247] Cfr. RATZINGER, J., "Si quieres la paz, respeta la conciencia de cada hombre. Conciencia y verdad", en *Verdad, valores, poder: piedras de toque de la sociedad pluralista*, Rialp, Madrid, 1998, pp. 72-73.

[248] Ídem.

En la acción humana, conciencia y prudencia están, por tanto, íntimamente ligadas, en particular en su dimensión antecedente a la acción[249]. Si seguimos la línea tomista, diríamos que entre la conciencia y la sindéresis –primer principio de la prudencia– hay una cierta unidad, ya que al tener la sindéresis carácter de principio se pone en acto en cada juicio de conciencia de forma implícita. Si optamos, en cambio, por la postura de Benedicto, que no identifica la sindéresis con la conciencia en general sino solo con el primero de sus planos, diríamos que la relación entre prudencia y conciencia radica en que la sindéresis funge, en ambos casos, como principio de funcionamiento que ilumina la acción (en la prudencia) o el juicio y la decisión (en la conciencia).

4.2.6. El fundamento de la conciencia

4.2.6.1. La verdad como fundamento de la conciencia

Benedicto es muy claro al afirmar que la conciencia solo puede tener como fundamento la verdad objetiva. A riesgo de ser insistentes, dada la importancia de la cuestión, sintetizamos de nuevo las premisas realistas de Benedicto: existe la verdad objetiva, el hombre está llamado por naturaleza a conocerla y dotado para hacerlo, y su conciencia estará mejor formada cuanto mayor sea la claridad con que perciba el esplendor de la verdad en la realidad circundante.

Ya hemos apuntado la relación entre verdad y conciencia al definir esta última, y decíamos que es fundamentalmente una

---

[249] Cfr. DEMAN, *Op. Cit.*, p. 138.

capacidad de apertura a la verdad. Por lo tanto, la conciencia sin la verdad no tiene sentido. Dice Benedicto que "la reducción de la conciencia a seguridad subjetiva significa la supresión de la verdad"[250]; adicionalmente, a nuestro juicio, significa también la supresión *de facto* de la propia conciencia, que queda vaciada de contenido y, por tanto, despojada de sentido.

Sostiene Benedicto que "la conciencia moral, para poder guiar rectamente la conducta humana, ante todo debe basarse en el sólido fundamento de la verdad, es decir, debe estar iluminada para reconocer el verdadero valor de las acciones y la consistencia de los criterios de valoración, de forma que sepa distinguir el bien del mal"[251]. La verdad es, pues, la brújula que guía la conciencia, roca firme e inmutable sobre la cual esta se asienta. Expone también Benedicto que la conciencia es "la ventana que abre al hombre de par en par el panorama de la verdad universal, la cual nos fundamenta y sostiene tiene a todos"[252]. En otro lugar se refiere a la conciencia como "acto de la razón orientado a la verdad de las cosas"[253].

A pesar de la falta de aceptación social actual en torno a la cuestión de la verdad, Benedicto reitera con fortaleza su mensaje: "nunca es anacrónica la confianza en buscar la verdad y en

---

[250] RATZINGER, J., "Si quieres la paz, respeta la conciencia de cada hombre. Conciencia y verdad", en *Verdad, valores, poder: piedras de toque de la sociedad pluralista*, Rialp, Madrid, 1998, p. 55.

[251] BENEDICTO XVI, *Discurso a los participantes en la Asamblea General de la Academia Pontificia para la Vida*, 24 de febrero de 2007, p. 3.

[252] RATZINGER, J., *El elogio de la conciencia. La Verdad interroga al corazón*, Palabra, Madrid, 2020, p. 13.

[253] BENEDICTO XVI, *Discurso a los participantes en la Asamblea General de la Academia Pontificia para la Vida*, 24 de febrero de 2007, p. 3.

encontrarla. Es justamente ella la que mantiene al hombre en su dignidad, rompe los particularismos y unifica a los hombres, más allá de los límites culturales, por su dignidad común"[254].

En el caso de la conciencia, es crucial la búsqueda de la verdad que la fundamenta.

4.2.6.2. Obediencia a la conciencia, obediencia a la verdad

De entre todas las referencias de Benedicto a la relación fundante entre conciencia y verdad, son particularmente elocuentes sus discursos en canonizaciones o beatificaciones de mártires, quienes dan testimonio con su vida de que "obedecer a la conciencia aún al precio del sufrimiento continúa siendo un mensaje que no ha perdido la menor actualidad"[255]. Benedicto señala que estos "responden de la capacidad de verdad del hombre como límite de cualquier poder y como garantía de su semejanza con Dios. Así es como los mártires son los grandes testigos de la conciencia"[256]. En ellos, la obediencia a la conciencia es esencialmente obediencia a la verdad.

---

[254] BENEDICTO XVI, "Fe, verdad y cultura, reflexiones a propósito de la encíclica *Fides et Ratio*, Madrid, 16 de febrero de 2000", en "Razón y verdad", *Cuadernos de la Cátedra de Teología*, vol. 9, Arzobispado de Madrid, Madrid, 2007, p. 41.

[255] RATZINGER., J., "La libertad, la justicia y el bien. Principios morales de las sociedades democráticas". Discurso con motivo de la recepción como *membre associé* étranger *de l'Académie des Ciences Morales et Politiques des Institut de France*, pronunciado en París el 7 de noviembre de 1992. En *Verdad, valores, poder: piedras de toque de la sociedad pluralista*, Rialp, Madrid, 1998, p. 32.

[256] RATZINGER, J., "Si quieres la paz, respeta la conciencia de cada hombre. Conciencia y verdad", en *Verdad, valores, poder: piedras de toque de la sociedad pluralista*, Rialp, Madrid, 1998, p. 64.

Así, Benedicto habló en Auschwitz del "grito de ayuda de todos los que a lo largo de la historia –ayer, hoy y mañana– han sufrido por amor a Dios, por amor a la verdad y al bien"[257]. Y en la beatificación del cardenal Graf Von Galen –que no murió mártir, pero sí dio un valiente testimonio de oposición al nazismo por defender a los más débiles–, alabó que este, "en tiempos oscuros, hizo brillar la luz de la verdad y tuvo la valentía de enfrentarse al poder de la tiranía, (…) [porque] sacó su intuición y su valentía de la fe, que le mostró la verdad, le abrió el corazón y los ojos"[258].

Al hilo de una reflexión sobre otro mártir, santo Tomás Moro[259], Benedicto se refirió a la obediencia a la conciencia en términos de obediencia a la verdad, ante numerosos representantes de la sociedad británica reunidos en Westminster –paradójicamente, en la misma sala donde se enjuició y se leyó la condena del santo canciller y consejero de Enrique VIII–:

"Quisiera recordar la figura de Santo Tomás Moro, el gran erudito inglés y hombre de Estado, quien es admirado por creyentes y no creyentes por la integridad con la que fue fiel a su conciencia, incluso a costa de contrariar al soberano de quien era un 'buen servidor', pues eligió servir primero a Dios"[260].

---

[257] BENEDICTO XVI, *Discurso en la visita al Campo de Concentración de Auschwitz*, Auschwitz-Birkenau, 28 de mayo de 2006, p. 2.

[258] BENEDICTO XVI, *Beatificación del Cardenal Clemens August Graf Von Galen. Palabras del Santo Padre al final de la celebración*, 9 de octubre de 2005, p. 1.

[259] RATZINGER, J., "Si quieres la paz, respeta la conciencia de cada hombre. Conciencia y verdad", en *Verdad, valores, poder: piedras de toque de la sociedad pluralista*, Rialp, Madrid, 1998, p. 60.

[260] BENEDICTO XVI, *Discurso en el encuentro con representantes de la sociedad británica*, Westminster Hall - City of Westminster, 17 de septiembre de 2010, p. 1.

Benedicto toma como uno de sus referentes en la cuestión de la relación entre conciencia y verdad al recientemente canonizado cardenal Newman, de cuyo pensamiento destaca cómo "la importancia del concepto de conciencia está unida a la excelencia del concepto de verdad y se ha de entender exclusivamente a partir de él"[261], sin que ello sea óbice para que, al mismo tiempo, la conciencia individual revista un cierto carácter subjetivo, en tanto que "expresión de la libertad del sujeto"[262]. La conciencia en Newman –añade Benedicto– es "la presencia clara e imperiosa de la voz de la verdad en el sujeto"[263].

Pues bien, si partimos de las siguientes premisas: (i) que la conciencia se fundamenta en la verdad[264]; (ii) que la verdad y el bien (al igual que la belleza, si bien este tercer elemento excede el objeto de nuestro estudio) son propiedades trascendentales del ser[265]; y (iii) que la voluntad del hombre tiende al bien por naturaleza[266], podemos concluir que, de la misma manera, el hombre tiende por naturaleza a la verdad. O, dicho de otro modo, puesto que el hombre tiende por naturaleza a aquello que se le presenta como bien por parte de su inteligencia[267], si esta conoce debida-

---

[261] RATZINGER, J., "Si quieres la paz, respeta la conciencia de cada hombre. Conciencia y verdad", en *Verdad, valores, poder: piedras de toque de la sociedad pluralista*, Rialp, Madrid, 1998, p. 58.

[262] Ídem.

[263] *Ibid.*, p. 59.

[264] Nos remitimos a las citas de Benedicto XVI expuestas hasta ahora.

[265] LOBATO, A., *Ser y belleza*, Unión Editorial, Madrid, 2005, capítulo V.

[266] "A lo que tiende por naturaleza la voluntad, lo mismo que cualquier potencia a su objeto, es al bien en común", dice santo Tomás en la *Suma de Teología* I-II, *quae.* 10, art. 1.

[267] LUCAS LUCAS, R., *Explícame la persona*, Pontificio Instituto Juan Pablo II para la Familia, Méjico, 2016, p. 96.

mente –si conoce la verdad de las cosas–, tenderá también por naturaleza a la verdad conocida. En suma, la tendencia a la perfección del hombre se descubre y se ejercita a través de sus dos facultades superiores, la inteligencia –a la que es adecuable lo verdadero–[268] y la voluntad –a la que es adecuable lo bueno–[269].

Y, en este sentido, si la verdad es el fundamento de la conciencia, y si la conciencia es la forma en que percibimos la verdad del ser de las cosas, no cabe sino prestar "plena fidelidad al dictamen de la conciencia"[270], "seguir siempre el veredicto evidente de la conciencia, o al menos no contravenirlo al obrar"[271], tal y como afirma Benedicto.

La declaración *Dignitatis humanae* sobre libertad religiosa se pronuncia en este mismo sentido: "el hombre percibe y reconoce por medio de su conciencia los dictámenes de la ley divina; conciencia que tiene obligación de seguir fielmente, en toda su actividad, para llegar a Dios, que es su fin. Por tanto, no se le puede forzar a obrar contra su conciencia. Ni tampoco se le puede impedir que obre según su conciencia"[272].

Benedicto es tajante en esto: incluso cuando se refirió al nazismo, afirmó que "es lícito decir que también la conciencia errónea obliga. (...) Nadie debe obrar contra su conciencia. (...) Pero el hecho de que la conciencia alcanzada obligue en el mo-

---

[268] LOBATO, A., *Op. Cit.*, p. 122.

[269] *Ibid.*, p. 124.

[270] BENEDICTO XVI, *Discurso en el encuentro ecuménico*, Arzobispado de Colonia, 19 de agosto de 2005, p. 2.

[271] RATZINGER, J., "Si quieres la paz, respeta la conciencia de cada hombre. Conciencia y verdad", en *Verdad, valores, poder: piedras de toque de la sociedad pluralista*, Rialp, Madrid, 1998, p. 45.

[272] *Declaración Dignitatis humanae sobre la libertad religiosa*, núm. 3.

mento de la acción no significa canonizar la subjetividad. Seguir la convicción alcanzada no es culpa nunca. Es necesario, incluso, hacerlo así"[273]. Ello no obsta para que se pueda llevar a cabo un juicio moral de la acción obrada en conciencia; es más, este ha de llevarse a cabo[274], pero la moralidad o inmoralidad no radicaría nunca en la obediencia a la conciencia errada, sino en que "puede ser culpa adquirir convicciones falsas y acallar la protesta de la anámnesis del ser"[275]. Y así, continuando con el caso concreto de los dirigentes del nacionalsocialismo, sostiene Benedicto que es difícilmente justificable que su obrar sea moral, pues "el firme conocimiento subjetivo y la seguridad y falta de escrúpulos que derivan de él no exculpan al hombre"[276]. Y puntualiza, a este respecto, que "la culpa está en otro sitio más profundo: no en el acto presente, ni en el juicio de conciencia actual, sino en el abandono del yo, que me ha embotado para percibir en mi interior la voz de la verdad y sus consejos"[277]. De hecho, si la conciencia no pudiese errar sería porque no existe la verdad objetiva:

"Está fuera de discusión que siempre debe seguirse un claro dictamen de la conciencia o que al menos nunca se puede

---

[273] RATZINGER, J., "Si quieres la paz, respeta la conciencia de cada hombre. Conciencia y verdad", en *Verdad, valores, poder: piedras de toque de la sociedad pluralista*, Rialp, Madrid, 1998, pp. 72-73.

[274] "Negarse a ver la culpa, el movimiento de la conciencia en tantas cosas es una enfermedad del alma más peligrosa que la culpa reconocida como culpa", afirma RATZINGER, J., en "Si quieres la paz, respeta la conciencia de cada hombre. Conciencia y verdad", en *Verdad, valores, poder: piedras de toque de la sociedad pluralista*, Rialp, Madrid, 1998, p. 52.

[275] *Ibid.*, pp. 72-73.

[276] *Ibid.*, 50.

[277] *Ibid.*, p. 74.

obrar en su contra. Pero cuestión completamente diferente es que el juicio de la conciencia, o lo que el individuo toma como tal, siempre tenga razón, es decir, sea infalible. En efecto, si así fuera, eso querría decir que no hay ninguna verdad, al menos en temas de moral y de religión, o sea, en el ámbito de los auténticos fundamentos de nuestra existencia. Visto que los juicios de conciencia se contradicen, tan solo habría una verdad del sujeto, que se reduciría su sinceridad"[278].

En suma, la obediencia a la conciencia debe ser también obediencia a la verdad. Obediencia entendida en su sentido etimológico, de escucha (*ob-audire*): el que escucha en su interior la voz de la verdad, ha de prestarle obediencia. Sin embargo, ya hemos visto que pueden darse casos en que se desvinculen conciencia y verdad. Ahondaremos en ello a continuación.

4.2.6.3. *La conciencia errada o deformada*

Decíamos que la conciencia puede errar –nunca en el nivel ontológico de la conciencia, sede de la anámnesis, que es por naturaleza infalible, sino en el nivel operativo–. Esto acontece cuando se produce lo que Benedicto denomina "el abandono del yo, [que] deja de percibir en [su] interior la voz de la verdad y sus consejos"[279]; cuando la conciencia se desvincula de la verdad y deja de percibir el bien como mal o el

---

[278] RATZINGER, J., *El elogio de la conciencia. La Verdad interroga al corazón*, Palabra, Madrid, 2020, p. 10.

[279] RATZINGER, J., "Si quieres la paz, respeta la conciencia de cada hombre. Conciencia y verdad", en *Verdad, valores, poder: piedras de toque de la sociedad pluralista*, Rialp, Madrid, 1998, p. 74.

mal como bien, lo que daña al hombre porque le hace ir contra su naturaleza.

La malformación o el embotamiento de la conciencia desligada de la verdad es un error de funestas consecuencias éticas –nos remitimos una vez más al ejemplo de los nazis–; pero es, a pesar de todo, una tendencia reversible. En primer término, desde la óptica de la fe, sostiene Benedicto[280]:

"En la conciencia, el hombre en su integridad –inteligencia, emotividad, voluntad– realiza su vocación al bien, de modo que la elección del bien o del mal en las situaciones concretas de la existencia acaba por marcar profundamente a la persona humana en toda expresión de su ser. Todo el hombre, en efecto, queda herido cuando su actuación va contra el dictamen de su conciencia. Sin embargo, incluso cuando el hombre rechaza la verdad y el bien que el Creador le propone, Dios no lo abandona, sino que precisamente mediante la voz de la conciencia, sigue buscándolo y sigue hablándole, a fin de que reconozca el error y se abra a la Misericordia divina, capaz de sanar cualquier herida"[281].

Incluso si nos ceñimos únicamente al ámbito de la filosofía, la ceguera de conciencia también es reconducible a través

---

[280] En *Ibid.*, pp. 76-77, señala Benedicto que la novedad del cristianismo es que en él la verdad no es solo exigencia, "sino también penitencia y perdón transformadores". Y añade: "el *Logos*, la verdad en persona, es también la expiación, el poder transformador que supera nuestras capacidades e incapacidades". Concluye que esta dimensión es la que rescata del moralismo la verdad entendida como exigencia de la que antes hablábamos: "solo cuando sepamos y experimentemos interiormente todo esto, seremos libres para oír alegremente y sin miedo el mensaje de la conciencia".

[281] BENEDICTO XVI, *Discurso a los participantes en la Asamblea General de la Academia Pontificia para la Vida*, 26 de febrero de 2011, pp. 1-2.

de un decidido movimiento de apertura a la verdad, acompañado de un trabajo –del que ninguno estamos exento– que Benedicto describe como "formación de una conciencia verdadera, por estar fundada en la verdad, y recta, por estar decidida a seguir sus dictámenes, sin contradicciones, sin traiciones y sin componendas"[282]. En este sentido, reconoce que la formación de la conciencia "es hoy una empresa difícil y delicada, pero imprescindible"[283], e insiste en que "es preciso volver a educar en el deseo del conocimiento de la verdad auténtica, en la defensa de la propia libertad de elección ante los comportamientos de masa y ante las seducciones de la propaganda, para alimentar la pasión de la belleza moral y de la claridad de la conciencia"[284].

Cuando la relación entre conciencia y verdad se convierte en ruptura decidida, y esto no se produce solo a nivel personal, sino que alcanza un cariz cultural o social, el entero sistema axiológico se pone en riesgo y, con él, el ordenamiento jurídico, tal y como constatamos en la sociedad española actual, en la que se promulgan normas injustas como las que analizábamos anteriormente. "El enmudecimiento de la conciencia se convierte en deshumanización del mundo"[285], sentencia con acierto Benedicto. Por ello, es esencial "formar las conciencias sobre los valores

---

[282] BENEDICTO XVI, *Discurso a los participantes en la Asamblea General de la Academia Pontificia para la Vida*, 24 de febrero de 2007, p. 3.

[283] Ídem.

[284] BENEDICTO XVI, *Discurso a los participantes en la Asamblea General de la Academia Pontificia para la Vida*, 24 de febrero de 2007, p. 3.

[285] RATZINGER, J., "Si quieres la paz, respeta la conciencia de cada hombre. Conciencia y verdad", en *Verdad, valores, poder: piedras de toque de la sociedad pluralista*, Rialp, Madrid, 1998, p. 55.

fundamentales, que no pueden descuidarse sin poner en peligro al hombre y a la sociedad misma"[286].

Si bien es cierto que lo propio del hombre es estar abierto a la verdad y formar su conciencia[287] "según la recta razón"[288], para que dicha apertura se dilate[289] personal y comunitariamente, también lo es que alcanzar la verdad que fundamenta la conciencia no es tanto un logro del hombre cuanto un don. En este sentido, Benedicto sostiene, en *Caritas in veritate*, que "la verdad, y el amor que ella desvela, no se pueden producir, solo se pue-

---

[286] BENEDICTO XVI, *Discurso a una delegación de la Academia de Ciencias Morales y Políticas de París*, 10 de febrero de 2007, p. 1. Respecto de la misión que tienen los medios de comunicación a la hora de formar o configurar la conciencia social, afirma BENEDICTO XVI, en el *Discurso a los responsables de los medios de comunicación social, presentes en Roma para el Cónclave*, 23 de abril de 2005, p. 2: "Para que los medios de comunicación social puedan prestar un servicio positivo al bien común, hace falta la contribución responsable de todos y cada uno. Por eso, es preciso comprender cada vez mejor las perspectivas y la responsabilidad que implica su desarrollo con vistas a las consecuencias concretas que tiene para la conciencia y la mentalidad de las personas, así como para la formación de la opinión pública".

[287] A este respecto, la *Declaración Dignitatis humanae sobre la libertad religiosa*, núm. 14, afirma: "Los cristianos, al formar su conciencia, deben atender con diligencia a la doctrina cierta y sagrada de la Iglesia. Pues, por voluntad de Cristo, la Iglesia católica es maestra de la verdad y su misión es anunciar y enseñar auténticamente la Verdad, que es Cristo, y, al mismo tiempo, declarar y confirmar con su autoridad los principios de orden moral que fluyen de la misma naturaleza humana".

[288] BENEDICTO XVI, *Discurso a los participantes en una conferencia internacional sobre células madre*, 12 de noviembre de 2011, p. 2.

[289] PABLO VI, en el *Mensaje a los hombres del pensamiento y de la ciencia. Clausura del Concilio Ecuménico Vaticano II*, p. 1, decía: "Felices los que, poseyendo la verdad, la buscan más todavía a fin de renovarla, profundizar en ella y ofrecerla a los demás".

den acoger. Su última fuente no es, ni puede ser, el hombre, sino Dios, o sea Aquel que es Verdad y Amor"[290].

4.3. Implicaciones sociopolíticas de la noción de conciencia de Benedicto XVI

> "A quienes querrían negar la existencia de la conciencia moral en el hombre, reduciendo su voz al resultado de condicionamientos externos o a un fenómeno puramente emotivo, es importante reafirmar que la calidad moral de la acción humana no es un valor extrínseco u opcional, ni tampoco una prerrogativa de los cristianos o de los creyentes, sino que es común a todo ser humano"[291].

4.3.1. Preámbulo

Hemos visto hasta ahora que la conciencia es una capacidad del hombre sin la cual no puede tender al bien y que, por tener su fundamento en la verdad objetiva a la cual se abre, siempre ha de ser obedecida. También hemos reflexionado acerca de cómo la conciencia desligada de la verdad se convierte en una fuente de relativismo y en justificación de la subjetividad como norma moral.

Sobre esta base, y recogiendo las notas del pensamiento de Benedicto que hemos ido exponiendo, el objetivo de este último

---

[290] BENEDICTO XVI, *Carta Encíclica Caritas in veritate, a los obispos, a los presbíteros y diáconos, a las personas consagradas, a todos los fieles laicos y a todos los hombres de buena voluntad sobre el desarrollo integral en la caridad y en la verdad*, 29 de junio de 2009, núm. 52.

[291] BENEDICTO XVI, *Discurso a los participantes en la Asamblea General de la Academia Pontificia para la Vida*, 26 de febrero de 2011, pp. 1-2.

apartado de nuestro estudio es analizar qué postura hemos de adoptar ante las leyes injustas, concretamente, las del aborto y de la eutanasia.

Ayuso[292] distingue entre libertad *de la* conciencia y libertad *de* conciencia para hacer alusión al contenido de la conciencia realista –la que defiende Benedicto– y diferenciarla de la conciencia subjetivista –la que hemos visto plasmada, *v. gr.*, en las leyes de la eutanasia y el aborto–. Seguiremos esta clasificación para ir desgranando las consecuencias que, en multitud de niveles, despliega la elección entre una u otra forma de conciencia.

4.3.2. La libertad de conciencia

"La libertad se puede anular y hartar de sí misma cuando se convierte en una realidad vacía. También hemos visto en nuestro siglo cómo la decisión de la mayoría sirve para derogar la libertad"[293].

La libertad *de* conciencia es aquella que se enarbola cuando el modelo de conciencia que se defiende es el heredado de la Modernidad, es decir, el de la conciencia subjetiva y relativista. En los números 32 y 33 de *Veritatis splendor* se sintetizan magistralmente dos posibles variantes de esta interpretación de la conciencia en crisis, derivada a su vez de una crisis de la verdad:

---

[292] Cfr. AYUSO, M., "Estado y conciencia", en VV. AA., AYUSO, M. (Ed.), *Estado, ley y conciencia*, Marcial Pons, Madrid, 2010, p. 22.

[293] RATZINGER., J., "La libertad, la justicia y el bien. Principios morales de las sociedades democráticas". Discurso con motivo de la recepción como *membre associé* étranger *de l'Académie des Ciences Morales et Politiques des Institut de France,* pronunciado en París el 7 de noviembre de 1992. En *Verdad, valores, poder: piedras de toque de la sociedad pluralista*, Rialp, Madrid, 1998, p. 36.

i. Por un lado, encontramos la que tiene su causa en las corrientes de pensamiento que exaltan la libertad –particularmente, las inmanentes y las ateas–. Estas defienden una autonomía del individuo sin límites, y para ellas la conciencia es suprema instancia del juicio moral; más aún, "el juicio moral es verdadero por el hecho mismo de que proviene de la conciencia"[294]. Se desenvuelven dentro de un marco ético de corte individualista en el que se "concede a la conciencia del individuo el privilegio de fijar, de modo autónomo, los criterios del bien y del mal, y actuar en consecuencia"[295].

ii. Una segunda variante de la conciencia moderna es la que procede de las corrientes de pensamiento deterministas (psicológicas o sociológicas), las cuales ponen en duda que el ser humano sea realmente libre. Los condicionamientos que pesan sobre él hacen que no tenga verdadera libertad, o que la que tiene esté seriamente coartada. Sin libertad, por ende, tampoco hay ética posible, y el actuar humano –al cual la conciencia sirve– se ciñe al plano de lo relativo o lo útil[296].

Tanto en un caso como en el otro, se postula una noción subjetiva de la conciencia, que no se corresponde con la verdad objetiva porque no la busca o, más aún, porque la niega.

---

[294] JUAN PABLO II, *Carta Encíclica Veritatis splendor a todos los obispos de la Iglesia católica sobre algunas cuestiones fundamentales de la enseñanza moral de la Iglesia*, 6 de agosto de 1993, núm. 32.

[295] Ídem.

[296] *Op. Cit.*, núm. 33.

En este contexto se produce el proceso de oscurecimiento de la conciencia al que ya nos hemos referido en páginas anteriores, y contra el cual Benedicto previene: "os animo una vez más a proseguir en el esfuerzo de servir al bien común, trabajando para que no se difundan ni se fortalezcan ideologías que pueden oscurecer o confundir las conciencias y fomentar una visión ilusoria de la verdad y del bien"[297]. Añade: "me parece fundamental no permitir que se acepte, o sea bien visto, lo que es contrario a la verdad"[298].

A esta forma de entender la conciencia del hombre se corresponde, como es lógico, una forma concreta de Estado. No nos referimos a la concreta tipología política que tal Estado revista, sino al modo de ostentar y ejercer el poder. En un Estado en el que predomina la concepción subjetivista de la conciencia, como comentaba Benedicto, la verdad y el bien se arrinconan y se descalifica a quienes los defienden. Paradójicamente, aunque cuando hablamos de conciencias subjetivistas nos restringimos a marcos de pensamiento relativos, estos suelen ser los más intransigentes con quienes discrepan de su cosmovisión[299]. A este respecto, Benedicto sostiene:

"En la actualidad, el respeto a la libertad del individuo parece consistir esencialmente en que el Estado no decida el problema de la verdad la verdad, también la verdad sobre el bien

---

[297] BENEDICTO XVI, *Discurso a la Internacional Demócrata de Centro y Demócrata Cristiana*, 21 de septiembre de 2007, p. 1.

[298] BENEDICTO XVI, *La sal de la tierra. Cristianismo e Iglesia Católica ante el nuevo milenio. Una conversación con Peter Seewald*, Ediciones Palabra, Madrid, 1997, p. 74.

[299] Ídem.

como no parece que se pueda conocer comunitariamente. (...) El intento de imponer a todos lo que parece verdad a una parte de los ciudadanos se considera avasallamiento de la conciencia. El concepto de verdad es arrinconado en la región de la intolerancia y de lo antidemocrático"[300].

En este modelo de Estado, lo justo es aquello que el hombre determina que sea ley (positivismo), lo que la mayoría social considera aceptable. Se descartan criterios estables –como el Derecho natural[301]– a los que aferrarse por parte del legislador, del gobernante o de quienes imparten justicia. Y, por supuesto, tampoco por parte del ciudadano, abandonado a la tiranía y la veleidad de la subjetividad. Sin embargo –sostiene Benedicto–, "es indiscutible que la mayoría no es infalible y que sus errores no afectan solo a asuntos periféricos, sino que ponen en cuestión bienes fundamentales que dejan sin garantía la dignidad humana y los derechos del hombre, es decir, se derrumba la finalidad de la libertad"[302]. De hecho, añade que "la historia de nuestro siglo ha demostrado dramáticamente que la mayoría es manipulable y fácil de seducir y que la libertad puede ser destruida en nombre de la libertad. En Kelsen hemos visto, además, que el relativismo encierra su propio dogmatismo: está tan seguro de sí mismo que debe ser impuesto a los que no lo comparten. Con una actitud así,

---

[300] RATZINGER, J., "El significado de los valores morales y religiosos en la sociedad pluralista", en *Verdad, valores, poder: piedras de toque de la sociedad pluralista*, Rialp, Madrid, 1998, p. 84.

[301] Cfr. BENEDICTO XVI, *Visita al Parlamento Federal*, Reichstag, Berlín, 22 de septiembre de 2011, p. 3.

[302] RATZINGER, J., "El significado de los valores morales y religiosos en la sociedad pluralista", en *Verdad, valores, poder: piedras de toque de la sociedad pluralista*, Rialp, Madrid, 1998, p. 94.

al final resulta inevitable el cinismo. Si la mayoría siempre tiene razón, (...) el derecho tendrá que ser pisoteado. Entonces, lo único que cuenta, a fin de cuentas, es el poder del más fuerte"[303].

En este estado de cosas, la violencia[304] es el mecanismo más sencillo para imponer los propios intereses, puesto que no hay entre los hombres nada común ni que los trascienda y ordene su actuar. ¿Qué impide, pues, que uno haga uso de las herramientas que están a su alcance para conseguir sus propios fines? ¿Qué límites tiene un Estado desvinculado del ideal de la justicia, de la existencia de unos valores[305], de la verdad y del bien, en suma?

Leyes injustas –"que se inspiran en principios antropológicos que absolutizan la voluntad humana, o en ideologías que no reconocen la naturaleza del ser humano"[306]–, lógicas de poder y fragmentación social[307] serán el resultado de la desaparición de la conciencia, en medio de una sociedad y de un

---

[303] *Ibid.*, pp. 94-95.

[304] Refiriéndose precisamente a la cuestión de las técnicas y métodos contrarios a la vida, Benedicto afirma que, "en estas situaciones, la conciencia, a veces arrollada por los medios de presión colectiva, no demuestra suficiente vigilancia sobre la gravedad de los problemas que están en juego, y el poder de los más fuertes debilita y parece paralizar incluso a las personas de buena voluntad" (BENEDICTO XVI, *Discurso a los participantes en la Asamblea General de la Academia Pontificia para la Vida*, 24 de febrero de 2007, p. 2).

[305] Cfr. BENEDICTO XVI, *Visita al Parlamento Federal*, Reichstag, Berlín, 22 de septiembre de 2011, p. 4.

[306] CONFERENCIA EPISCOPAL ESPAÑOLA, *Nota doctrinal sobre la objeción de conciencia*, 8-9 de marzo de 2022, núm. 5.

[307] Cfr. BENEDICTO XVI, *Carta Encíclica Caritas in veritate, a los obispos, a los presbíteros y diáconos, a las personas consagradas, a todos los fieles laicos y a todos los hombres de buena voluntad sobre el desarrollo integral en la caridad y en la verdad*, 29 de junio de 2009, núm. 5.

Estado que se retroalimentan en una carrera de deshumanización que termina con la disolución del hombre, por negación de su naturaleza.

Este Estado, sostiene Benedicto, "se tiene por Dios y establece por propia iniciativa lo que se ha de considerar justo y verdadero"[308], "destruye al hombre, niega la verdadera naturaleza humana y no puede exigir obediencia"[309]. Esa es la razón por la cual él afirma vehementemente que "negar el principio moral, impugnar ese órgano de conocimiento –previo a cualquier especialización– que llamamos conciencia, significa negar al hombre"[310].

La libertad *de c*onciencia de la que hemos hablado en este apartado se corresponde con una objeción *de* conciencia[311], que tiene un contenido indeterminado que se llena a partir del contenido de la autonomía de la voluntad. Tal objeción es una puerta al relativismo de la conciencia individual y, por ende, a la disolución del Estado de Derecho, por cuanto supone tácitamente una legitimación general del incumplimiento de las normas obligatorias. Asimismo, implica una confusión con

---

[308] Cfr. RATZINGER, J., "El significado de los valores morales y religiosos en la sociedad pluralista", en *Verdad, valores, poder: piedras de toque de la sociedad pluralista*, Rialp, Madrid, 1998, p. 91.

[309] Ídem.

[310] RATZINGER., J., "La libertad, la justicia y el bien. Principios morales de las sociedades democráticas". Discurso con motivo de la recepción como *membre associé* étranger *de l'Académie des Ciences Morales et Politiques des Institut de France,* pronunciado en París el 7 de noviembre de 1992. En *Verdad, valores, poder: piedras de toque de la sociedad pluralista*, Rialp, Madrid, 1998, p. 31.

[311] Cfr. AYUSO, M., "Estado y conciencia", en VV. AA., AYUSO, M. (Ed.), *Estado, ley y conciencia*, Marcial Pons, Madrid, 2010, p. 25.

cualquier demanda de libertad"[312], puesto que "al derecho no se le reconoce un fundamento objetivo, sino que se entiende como el fruto de una elección del todo contingente"[313]. Más aún, como sostiene Macioce, "la objeción, en este horizonte, deviene simplemente una exigencia lanzada al legislador para que respete su particular concepción del bien, que en el juego democrático de las votaciones ha resultado (...) la perdedora"[314].

4.3.3. La libertad de la conciencia

La libertad *de la* conciencia, a diferencia de la libertad *de* conciencia, es aquella que está sujeta a un contenido concreto, que es el de la verdad, fundamento de la conciencia.

Quienes, como Benedicto, defienden este tipo de conciencia y reclaman para ella un ámbito socio jurídico donde poder desarrollarla correctamente, reconocen que "nuestra libertad está originariamente caracterizada por nuestro ser, con sus propias limitaciones. Ninguno da forma a la propia conciencia de manera arbitraria, sino que todos construyen su propio «yo» sobre la base de un «sí mismo» que nos ha sido dado. No sólo las demás personas se nos presentan como no disponibles, sino también nosotros para nosotros mismos. El desarrollo de la persona se degrada cuando esta pretende ser la única creadora de sí misma"[315]. El hombre que cree en la existencia de una verdad

---

[312] MACIOCE, *Op. Cit.*, p. 183.
[313] Ídem.
[314] *Ibid.*, p. 184.
[315] BENEDICTO XVI, *Carta Encíclica Caritas in veritate, a los obispos, a*

objetiva y en que la naturaleza humana es apta para reconocerla a través de la conciencia, tiene además convicción acerca de su propia dignidad ontológica, la base sobre la cual se articulan la libertad y los demás derechos[316].

Cuando esta que señala Benedicto es la premisa de partida, la sociedad y el sistema político se desarrollan en torno a una noción de responsabilidad personal[317] que constituye el punto

---

los presbíteros y diáconos, a las personas consagradas, a todos los fieles laicos y a todos los hombres de buena voluntad sobre el desarrollo integral en la caridad y en la verdad, 29 de junio de 2009, núm. 68.

[316] Cfr. CONFERENCIA EPISCOPAL ESPAÑOLA, *Nota doctrinal sobre la objeción de conciencia*, 8-9 de marzo de 2022, números 1 y 2. Benedicto sostiene asimismo que "la dignidad de todo hombre solamente queda garantizada cuando todos sus derechos fundamentales son reconocidos, tutelados y promovidos. Desde siempre, la Iglesia reafirma que los derechos fundamentales, más allá de la diferente formulación y del distinto peso que pueden revestir en el ámbito de las diversas culturas, son un dato universal, porque está inscrito en la naturaleza misma del hombre" (BENEDICTO XVI, *Discurso en el concierto organizado por el Consejo Pontificio Justicia y Paz en el 60 aniversario de la Declaración Universal de Derechos Humanos*, 10 de diciembre de 2008, pp. 1-2).

[317] RATZINGER., J., "La libertad, la justicia y el bien. Principios morales de las sociedades democráticas". Discurso con motivo de la recepción como *membre associé* étranger *de l'Académie des Ciences Morales et Politiques des Institut de France*, pronunciado en París el 7 de noviembre de 1992. En *Verdad, valores, poder: piedras de toque de la sociedad pluralista*, Rialp, Madrid, 1998, p. 31. A este respecto, la CONGREGACIÓN PARA LA DOCTRINA DE LA FE señaló, en la *Nota doctrinal sobre algunas cuestiones relativas al compromiso y la conducta de los católicos en la vida política*, p. 4, que, "cuando la acción política tiene que ver con principios morales que no admiten derogaciones, excepciones o compromiso alguno, es cuando el empeño de los católicos se hace más evidente y cargado de responsabilidad". Y añade: "este es el caso de las leyes civiles en materia de *aborto* y *eutanasia* (que no hay que confundir con la renuncia al *ensañamiento terapéutico*, que es moralmente legítima), que deben tutelar

de apoyo de una ética objetiva, abierta a la ley natural –"único baluarte válido contra la arbitrariedad del poder o los engaños de la manipulación ideológica; (...) verdadera garantía ofrecida a cada uno para poder vivir libre y respetado en su dignidad"[318], y fuente de legitimidad de la norma jurídica[319]–.

El progreso de la conciencia se convierte, así, en progreso social, y la libertad moral en libertad política[320]. Se configura un Estado volcado hacia la realidad[321], que no ejerce violencia sobre ella para adaptarla a sus intereses. Los límites éticos de este Estado[322],

---

el derecho primario a la vida desde de su concepción hasta su término natural".

[318] BENEDICTO XVI, *Discurso a los participantes en un encuentro sobre la ley moral natural*, 12 de febrero de 2007, p. 2.

[319] Ídem. En este mismo discurso, Benedicto afirmó que "aparece en toda su urgencia la necesidad de reflexionar sobre el tema de la ley natural y de redescubrir su verdad común a todos los hombres. Esa ley, a la que alude también el apóstol san Pablo (cf. Rm 2, 14-15), está escrita en el corazón del hombre y, en consecuencia, también hoy no resulta simplemente inaccesible. Esta ley tiene como principio primero y generalísimo: 'hacer el bien y evitar el mal'. Esta es una verdad cuya evidencia se impone inmediatamente a cada uno. De ella brotan los demás principios más particulares, que regulan el juicio ético sobre los derechos y los deberes de cada uno. Uno de esos principios es el del respeto a la vida humana desde su concepción hasta su término natural, pues este bien no es propiedad del hombre sino don gratuito de Dios. También lo es el deber de buscar la verdad, presupuesto necesario de toda auténtica maduración de la persona".

[320] Cfr. RATZINGER., J., "La libertad, la justicia y el bien. Principios morales de las sociedades democráticas". Discurso con motivo de la recepción como *membre associé* étranger *de l'Académie des Ciences Morales et Politiques des Institut de France*, pronunciado en París el 7 de noviembre de 1992. En *Verdad, valores, poder: piedras de toque de la sociedad pluralista*, Rialp, Madrid, 1998, p. 25.

[321] Cfr. *Ibid.*, pp. 34-35.

[322] Cfr. CONFERENCIA EPISCOPAL ESPAÑOLA, *Nota doctrinal sobre la objeción de conciencia*, 8-9 de marzo de 2022, núm. 3.

en el cual "el poder político (...) es súbdito de la justicia"[323], son los que determina la propia naturaleza humana, ya que "la ley natural, escrita por Dios en la conciencia humana, es un común denominador a todos los hombres y a todos los pueblos; es una guía universal que todos pueden conocer"[324]. Los derechos, en este modelo de Estado, se reconocen, no *se crean*, y tienen un "fundamento sólido"[325] porque se articulan en torno a un "auténtico respeto tanto de la persona como de todo el orden creado"[326]. En este contexto se produce, además, el efecto de que, a mayor predominio de la recta conciencia en la sociedad y, en particular, en el legislador, existe una mayor capacidad de adherencia de los ciudadanos a las leyes[327].

Como podemos ver, el respeto y la promoción de la conciencia en su configuración natural traen consigo innumerables beneficios para la persona y para el bien común de la comunidad política.

Si bien podría parecer que el modelo de Estado descrito es idílico –ese "que se mantiene dentro de sus límites y no se hace pasar por fuente de la verdad y la justicia"[328]–, no es menos cierto que es a eso a lo que, por naturaleza, estamos llamados. Esta es la propuesta y la exhortación de Benedicto, una vuelta

---

[323] MACIOCE, F., *Op. Cit.*, p. 179.

[324] BENEDICTO XVI, *Discurso en el concierto organizado por el Consejo Pontificio Justicia y Paz en el 60 aniversario de la Declaración Universal de Derechos Humanos*, 10 de diciembre de 2008, pp. 1-2.

[325] Ídem.

[326] BENEDICTO XVI, *Discurso a los participantes en la Asamblea General de la Academia Pontificia para la Vida*, 13 de febrero de 2010, p. 3.

[327] Cfr. *Constitución pastoral Gaudium et spes sobre la Iglesia en el mundo actual*, núm. 16.

[328] Cfr. RATZINGER, J., "El significado de los valores morales y religiosos en la sociedad pluralista", en *Verdad, valores, poder: piedras de toque de la sociedad pluralista*, Rialp, Madrid, 1998, p. 91.

decidida de la persona y de la sociedad a la verdad, pues "si el hombre queda fuera de la verdad entonces ya solo puede dominar sobre él lo coyuntural, lo arbitrario. Por eso esta opción no es «fundamentalismo», sino un deber de la humanidad proteger al hombre contra la dictadura de lo coyuntural convertido en absoluto y devolverle su dignidad, que justamente consiste en que ninguna estancia pueda dominar sobre él, porque está abierto a la verdad misma"[329].

Por último, a una libertad *de la* conciencia, corresponde asimismo una objeción *de la* conciencia[330], plenamente aceptable por cuanto supone el reconocimiento jurídico de la existencia de una verdad mayor que el Derecho positivo.

4.3.4. *Traslación de lo expuesto al caso español de la eutanasia y del aborto*

Trataremos a continuación de materializar las reflexiones antedichas y, particularmente, las nociones expuestas sobre el pensamiento de Benedicto, para que puedan iluminar la presente situación de España en el ámbito del derecho a la vida, circunscribiendo la respuesta a cuatro ámbitos distintos: el del legislador, el del político en la oposición, el del ciudadano y el de cualquier español en general, con independencia de su posición en la sociedad política.

---

[329] BENEDICTO XVI, "Fe, verdad y cultura, reflexiones a propósito de la encíclica *Fides et Ratio*, Madrid, 16 de febrero de 2000", en "Razón y verdad", *Cuadernos de la Cátedra de Teología*, vol. 9, Arzobispado de Madrid, Madrid, 2007, p. 39.

[330] Cfr. AYUSO, M., "Estado y conciencia", en VV. AA., AYUSO, M. (Ed.), *Estado, ley y conciencia*, Marcial Pons, Madrid, 2010, p. 25.

En primer lugar, por cuanto se refiere al legislador, Benedicto ha sido tajante al afirmar, desde el cargo de prefecto de la Congregación para la Doctrina de la Fe que detentó durante varios lustros, que "quienes se comprometen directamente en la acción legislativa tienen la «precisa obligación de oponerse» a toda ley que atente contra la vida humana"[331]. Además, ha señalado, refiriéndose a los principios que brotan de la ley natural, que "uno de esos (…) es el del respeto a la vida humana desde su concepción hasta su término natural, pues este bien no es propiedad del hombre sino don gratuito de Dios"[332]. Concretamente en materia de aborto, ha manifestado que, "ante la supresión directa de un ser humano no puede haber ni componendas ni tergiversaciones; no es posible pensar que una sociedad pueda combatir eficazmente el crimen cuando ella misma legaliza el delito en el ámbito de la vida naciente"[333]. Adhiriéndonos, pues, al pensamiento de Benedicto es evidente que, para el legislador español, ante las Leyes 3/2021 de la eutanasia y 1/2023 del aborto no cabe otra postura ética ni respetuosa de conciencia propia y de las de los súbditos[334] que su derogación de plano.

---

[331] CONGREGACIÓN PARA LA DOCTRINA DE LA FE, *Nota doctrinal sobre algunas cuestiones relativas al compromiso y la conducta de los católicos en la vida política*, p. 4.

[332] BENEDICTO XVI, *Discurso a los participantes en un encuentro sobre la ley moral natural*, 12 de febrero de 2007, pp. 1-2.

[333] BENEDICTO XVI, "Discurso a los participantes en un congreso organizado por la Academia Pontificia para la Vida", Castelgandolfo, 16 de septiembre de 2006, en BENEDICTO XVI, "Razón y verdad", *Cuadernos de la Cátedra de Teología*, vol. 9, Arzobispado de Madrid, Madrid, 2007, p. 82.

[334] Cfr. BENEDICTO XVI, *Discurso en el encuentro con representantes de la sociedad británica*, Westminster Hall - City of Westminster, 17 de septiembre de 2010, p. 3.

En cuanto a los políticos que no desempeñan labores de gobierno, sino que ejercen la función de oposición, tienen en primer lugar el importante deber de formarse en torno a criterios de verdad, pues "en las cuestiones fundamentales del derecho, en las cuales está en juego la dignidad del hombre y de la humanidad, el principio de la mayoría no basta: en el proceso de formación del derecho, una persona responsable debe buscar los criterios de su orientación"[335]. En segundo lugar, han de ser conscientes de que, desde su papel de oposición política, han de trabajar tanto por la derogación de las leyes antedichas como, en tanto que esta no sea posible, por su mejora. En el caso concreto de las Leyes 3/2021 y 1/2023, una mejora respetuosa con la noción de conciencia de Benedicto[336] requeriría, cuando menos,

---

[335] BENEDICTO XVI, *Visita al Parlamento Federal*, Reichstag, Berlín, 22 de septiembre de 2011, p. 2.

[336] La encíclica *Evangelium vitae* añade otras posibles ideas para mejorar las leyes, en tanto que no se derogan:

— "El respeto absoluto de toda vida humana inocente exige también ejercer la objeción de conciencia ante el aborto procurado y la eutanasia. El «hacer morir» nunca puede considerarse un tratamiento médico, ni siquiera cuando la intención fuera sólo la de secundar una petición del paciente: es más bien la negación de la profesión sanitaria que debe ser un apasionado y tenaz «sí» a la vida" (núm. 89).

— "El rechazo a participar en la ejecución de una injusticia no sólo es un deber moral, sino también un derecho humano fundamental. (…) En este sentido, la posibilidad de rechazar la participación en la fase consultiva, preparatoria y ejecutiva de semejantes actos contra la vida debería asegurarse a los médicos, a los agentes sanitarios y a los responsables de las instituciones hospitalarias, de las clínicas y casas de salud. Quien recurre a la objeción de conciencia debe estar a salvo no sólo de sanciones penales, sino también de cualquier daño en el plano legal, disciplinar, económico y profesional" (núm. 74).

tener presentes los siguientes extremos que a continuación describimos:

i. La objeción de conciencia no debe tener cortapisa alguna en las materias que son de Derecho natural –particularmente, en el derecho a la vida–, por lo que se ha de garantizar por parte de los poderes públicos la efectiva "capacidad de ordenar las propias opciones según la verdad"[337]. En el caso de la eutanasia y del aborto –en relación con los cuales Benedicto sostiene que "la conciencia moral Dios habla a cada persona e invita a defender la vida humana en todo momento"[338]–, no debe limitarse la posibilidad de objetar en su dimensión objetiva (por ejemplo, requiriendo una implicación más o menos directa en el acto que produce la muerte) ni en su dimensión subjetiva (como sucede cuando las leyes

---

— El concepto de personal sanitario se ha de entender en sentido amplio, a diferencia de la consideración actual en las leyes del aborto y la eutanasia. *Evangelium vitae* propone que sean considerados tales "médicos, farmacéuticos, enfermeros, capellanes, religiosos y religiosas, personal administrativo y voluntarios", todos aquellos a los cuales "su profesión les exige ser custodios y servidores de la vida humana" (núm. 89).

— "También la investigación biomédica, campo fascinante y prometedor de nuevos y grandes beneficios para la humanidad, debe rechazar siempre los experimentos, descubrimientos o aplicaciones que, al ignorar la dignidad inviolable del ser humano, dejan de estar al servicio de los hombres y se transforman en realidades que, aparentando socorrerlos, los oprimen" (núm. 89).

[337] BENEDICTO XVI, *Mensaje para la celebración de la XLIV Jornada mundial de la paz*, 1 de enero de 2011, p. 3.

[338] BENEDICTO XVI, *Discurso a los participantes en la Asamblea General de la Academia Pontificia para la Vida*, 26 de febrero de 2011, pp. 1-2.

vigentes determinan que solo cierto tipo de profesionales puedan ejercer la objeción).

ii. Se deben promover formas jurídicas válidas para permitir el rechazo de instituciones enteras a la práctica del aborto y de la eutanasia. Quizás el instrumento para llevarlo a cabo no sea la objeción de conciencia, puesto que esta constituye un derecho individual vinculado a la propia conciencia, que es una capacidad intrínsecamente personal y difícilmente extrapolable a una persona jurídica, pero han de procurarse otras vías que lo garanticen, ya que "las entidades religiosas –incluidas las instituciones vinculadas a la Iglesia católica– necesitan tener libertad de actuación conforme a sus propios principios y convicciones específicas basadas en la fe y el magisterio oficial de la Iglesia"[339].

Por cuanto respecta a los ciudadanos, estamos obligados a reconocer y a manifestar que la acción letal que permiten las leyes del aborto y la eutanasia (en el caso de los médicos, no solo la permiten, sino que imponen su realización) es radicalmente contraria al precepto moral de respetar toda vida humana desde su concepción hasta su muerte natural. Adicionalmente, debemos ser conscientes de que la obediencia a la conciencia es una obligación moralmente superior a la obediencia a la ley positiva[340], por lo que habremos de hacer uso de todas las herra-

---

[339] BENEDICTO XVI, *Discurso en el encuentro con representantes de la sociedad británica*, Westminster Hall - City of Westminster, 17 de septiembre de 2010, p. 4.

[340] *Catecismo de la Iglesia Católica*, núm. 2242, y JUAN PABLO II, *Carta Encíclica Veritatis splendor a todos los obispos de la Iglesia católica sobre algunas*

mientas que el ordenamiento reconozca para hacer efectiva esa obediencia a la conciencia.

   i. En el caso de las personas directamente obligadas por los deberes que la norma impone (el personal sanitario), nos referimos concretamente al ejercicio activo de la objeción de conciencia, incluso aunque conlleve perjuicios a nivel laboral o reputacional. Se les pedirá dar testimonio de que "el sentido de la legislación deviene nuevamente revelación de la justicia y de la verdad del ser, y no simple expresión de la voluntad soberana"341.

   ii. Los demás habremos de ejercitar una pacífica desobediencia civil[342], entendida esta como manifestación pública –cada uno en el ámbito que le competa– de la injusticia de la ley y del deber ético del legislador de derogarla. Benedicto insiste en que, "en este campo no es posible anestesiar las conciencias"[343], y recalca –en un

---

cuestiones fundamentales de la enseñanza moral de la Iglesia, 6 de agosto de 1993, núm. 67.

[341] MACIOCE, Op. Cit., p. 186.

[342] La CONGREGACIÓN PARA LA DOCTRINA DE LA FE, en la Instrucción Donum vitae sobre el respeto de la vida humana naciente y la dignidad de la procreación, núm. III, lleva a cabo la siguiente exhortación: "todos los hombres de buena voluntad deben esforzarse, particularmente a través de su actividad profesional y del ejercicio de sus derechos civiles, para reformar las leyes positivas moralmente inaceptables y corregir las prácticas ilícitas. Además, ante esas leyes se debe presentar y reconocer la "objeción de conciencia". Cabe añadir que comienza a imponerse con agudeza en la conciencia moral de muchos, especialmente de los especialistas en ciencias biomédicas, la exigencia de una resistencia pasiva frente a la legitimación de prácticas contrarias a la vida y a la dignidad del hombre".

[343] BENEDICTO XVI, Discurso a los participantes en un Congreso internacional de farmacéuticos católicos, 29 de octubre de 2007, p. 2.

discurso a profesionales sanitarios– que "la cuestión de la objeción de conciencia (…) es un derecho que debe reconocerse a vuestra profesión, permitiéndoos no colaborar, directa o indirectamente, en (…) el aborto y la eutanasia"[344].

Por último, Benedicto hace un llamamiento a todos, con independencia de nuestra posición en el organigrama sociopolítico, a ser "testigos que tengan una conciencia verdadera y recta, para defender y promover el «esplendor de la verdad»"[345], pues "tanto en la vida personal como en la pública, es necesario tener la valentía de decir la verdad y de seguirla, de ser libres con respecto al mundo que nos rodea. (…) La verdadera libertad consiste en caminar por la senda de la verdad, según la vocación propia, sabiendo que cada uno tendrá que rendir cuentas de su vida a su Creador y Salvador"[346].

Hasta aquí este último apartado, algo más creativo que los anteriores, en el cual hemos procurado concretar en reflexiones prácticas y en propuestas *de lege ferenda* la cuestión de la objeción según la perspectiva de la conciencia que traslucen los escritos y discursos de Benedicto XVI, que Dios tenga en su gloria.

---

[344] BENEDICTO XVI, *Discurso a los participantes en un Congreso internacional de farmacéuticos católicos*, 29 de octubre de 2007, p. 2.

[345] BENEDICTO XVI, *Discurso a los participantes en la Asamblea General de la Academia Pontificia para la Vida*, 24 de febrero de 2007, p. 4.

[346] BENEDICTO XVI, *Discurso a una delegación de la Academia de Ciencias Morales y Políticas de París*, 10 de febrero de 2007, p. 2.

5

Conclusiones

Presentamos a continuación las conclusiones de este estudio, a las que hemos podido llegar profundizando, en primer lugar, en el *statu quo* en materia de objeción de conciencia, particularmente en los casos de la eutanasia y el aborto en España; estudiando, en segundo lugar, el pensamiento de Benedicto XVI acerca de la conciencia; y poniendo, por último, ambas cuestiones en relación.

i. La objeción de conciencia, si bien no se define como figura jurídica hasta el siglo XIX, nace con el surgimiento mismo del derecho, como reacción personal a una norma o un mandato cuyo cumplimiento estima el destinatario que es contrario a sus deberes morales. La generalización de la objeción se produce de forma pareja a la difusión de la religión cristiana, como respuesta frente a la obligatoriedad de rendir culto al emperador y servir en el ejército, mandatos que algunos de los primeros cristianos consideraban contrarios a su fe. Con el correr de los siglos, la objeción ha ido cobrando entidad de herramienta jurídica concreta, desligada de otras figuras análogas como la desobediencia civil.

ii. La objeción de conciencia en España es un derecho que, si bien tiene su fundamento remoto en la libertad ideológica protegida por la *Constitución Española*, solo ha sido regulado con carácter general en dos casos: el servicio militar y la cláusula de conciencia periodística. En el resto de los supuestos, según postulan una parte de la mayoría de la doctrina y la más reciente jurisprudencia constitucional, se precisa una ley específica que regule su ejercicio y que opere como fundamento jurídico próximo de la objeción.

iii. Recientemente se han promulgado en nuestro país dos normas abiertamente opuestas al Derecho natural: las *Leyes Orgánicas 3/2021, de 24 de marzo, de regulación de la eutanasia* y *1/2023, de 28 de febrero, por la que se modifica la Ley Orgánica 2/2010, de 3 de marzo, de salud sexual y reproductiva y de la interrupción voluntaria del embarazo*. Estas regulan la posibilidad de que los sanitarios se vean exonerados de la obligación de matar al paciente, deber que constituye el objeto de sendas leyes. Tal dispensa jurídica se lleva a cabo a través de la objeción de conciencia.

iv. La regulación que ambas leyes efectúan de la objeción es subjetiva y objetivamente incompleta y limitante (en cuanto a quiénes pueden ejercerla, cuándo y en qué términos), lo que supone un menoscabo de la libertad de conciencia y del deber deontológico de los sanitarios y una merma de los derechos de los ciudadanos en general. Probablemente dicha regulación, que está provocando ya graves injusticias materiales, traiga consigo un fenómeno de judicialización motivado por el intento de consecución de una justicia que la ley quebranta directamente. Por otra parte, el tenor de las dos últimas sentencias constitucionales en la materia ha evidenciado que el recurso al amparo de este Tribunal no es, en absoluto, una solución frente a la injusticia de la ley positiva.

v. Tras la regulación que las leyes mencionadas efectúan de la objeción de conciencia subyace una idea muy concreta de la conciencia (escindida de la verdad y del bien y erigida, en cambio, en ente autónomo) y del derecho (concebido desde una óptica contractualista y positivista, carente de fundamento objetivo). Por lo tanto, la regulación de la objeción en los términos en que se realiza en las leyes de la eutanasia y del aborto es potencialmente peligrosa, no solo por las deficiencias que hemos señalado, sino por cuanto, desvinculada de la realidad, cualquier objeción se convierte en cauce de una autonomía ilimitada que perjudica al bien común y puede terminar por dinamitar el Estado –cuya integridad depende, entre otros elementos, de la obediencia de los ciudadanos a las leyes vigentes–.

vi. Benedicto XVI ha reflexionado en profundidad, antes y después de su nombramiento como Sumo Pontífice, acerca de la cuestión de la conciencia, desde un enfoque no solo académico sino también pastoral. Una muestra de la relevancia que concede a esta cuestión es la gran cantidad de veces que aparece mencionada en sus escritos y discursos.

vii. En el pensamiento de Benedicto, la conciencia siempre es entendida en su dimensión de conciencia moral, y aparece unida a la verdad, que constituye su fundamento. La define como capacidad específica del hombre que tiene su origen en la presencia del *Logos* divino en el alma, y que unifica sus facultades intelectiva y volitiva para que pueda conocer y obrar el bien.

viii. Resulta muy interesante la aportación de Benedicto a la doctrina tomista en lo relativo al funcionamiento de la conciencia. A diferencia de santo Tomás de Aquino, que entiende la conciencia como acto que se desarrolla en un solo nivel (*conscientia*), y cuya finalidad es la aplicación del conocimiento intelectual a la acción, Benedicto postula que la conciencia es una potencia (órgano) que opera en dos niveles consecutivos, uno ontológico (anamnesis) y otro operativo (conciencia), que se entrelazan como unidad al servicio de la realización del bien del hombre.

ix. Benedicto es consciente de que el contexto actual es positivista y relativista, y de que ello supone una desconexión individual y social con la verdad y con el bien. Anima, por tanto, a formar las conciencias para tomar como opción fundamental –en plena consonancia con nuestra naturaleza humana– la búsqueda de la verdad. De lo contrario, la conciencia se convierte en una auto justificación subjetiva que denigra nuestra dignidad moral.

x. Del modelo de conciencia que adoptemos dependen, y así lo considera también Benedicto, la noción del derecho y el modelo de Estado resultante. Cuanto más se acerque la comprensión de la conciencia a la realidad, más justo será el ordenamiento jurídico y más cooperará el Estado a la consecución del bien común.

xi. Para Benedicto, solo desde una perspectiva de realismo cognoscitivo adquiere su plenitud la objeción de conciencia, pues esta permite al hombre realizar la adhesión al bien. Desde esta óptica, idealmente, no deberían existir las leyes injustas a las que nos hemos referido. Sin embargo, en el status actual, y en tanto que no se produzca su derogación, consideramos coherente con el pensamiento de Benedicto afirmar que una garantía jurídica deficitaria de la objeción de conciencia es mejor que no tener ninguna, incluso a riesgo del peligro de autonomía de la voluntad que apuntábamos, porque la conciencia es sagrada (es presencia de Dios en el alma) y no se puede obligar a nadie a ir contra sus dictados, máxime en cuestiones de tal gravedad como son las tocantes al derecho a la vida.

Bibliografía

6.1. Fuentes primarias

BENEDICTO XVI, "Razón y verdad", *Cuadernos de la Cátedra de Teología,* Arzobispado de Madrid, Madrid, 2007.

BENEDICTO XVI, Ángelus, 1 de enero de 2006. Acceso en línea:

https://www.vatican.va/content/benedict-xvi/es/angelus/2006/documents/hf_ben-xvi_ang_20060101_world-day-peace.html

BENEDICTO XVI, Ángelus, 24 de julio de 2011. Acceso en línea:

https://www.vatican.va/content/benedict-xvi/es/angelus/2011/documents/hf_ben-xvi_ang_20110724.html

BENEDICTO XVI, Ángelus, 26 de noviembre de 2006. Acceso en línea:

https://www.vatican.va/content/benedict-xvi/es/angelus/2006/documents/hf_ben-xvi_ang_20061126.html

BENEDICTO XVI, Ángelus, 4 de diciembre de 2005. Acceso en línea:

https://www.vatican.va/content/benedict-xvi/es/angelus/2005/documents/hf_ben-xvi_ang_20051204.html

BENEDICTO XVI, Ángelus, 6 de agosto de 2006. Acceso en línea:

https://www.vatican.va/content/benedict-xvi/es/angelus/2006/documents/hf_ben-xvi_ang_20060806.html

BENEDICTO XVI, *Beatificación del Cardenal Clemens August Graf Von Galen. Palabras del Santo Padre al final de la celebración*, 9 de octubre de 2005. Acceso en línea:

https://www.vatican.va/content/benedict-xvi/es/speeches/2005/october/documents/hf_ben_xvi_spe_20051009_beatif-von-galen.html

BENEDICTO XVI, *Carta Encíclica Caritas in veritate, a los obispos, a los presbíteros y diáconos, a las personas consagradas, a todos los fieles laicos y a todos los hombres de buena voluntad sobre el desarrollo integral en la caridad y en la verdad*, 29 de junio de 2009. Acceso en línea:

https://www.vatican.va/content/benedict-xvi/es/encyclicals/documents/hf_ben-xvi_enc_20090629_caritas-in-veritate.html

BENEDICTO XVI, *Discurso a la Internacional Demócrata de Centro y Demócrata Cristiana*, 21 de septiembre de 2007. Acceso en línea:

https://www.vatican.va/content/benedict-xvi/es/speeches/2007/september/documents/hf_ben-xvi_spe_20070921_idc.html

BENEDICTO XVI, *Discurso a los miembros de la Academia Pontificia de Ciencias Sociales,* 4 de mayo de 2009. Acceso en línea:
https://www.vatican.va/content/benedict-xvi/es/speeches/2009/may/documents/hf_ben-xvi_spe_20090504_social-sciences.html

BENEDICTO XVI, *Discurso a los participantes en el encuentro europeo de profesores universitarios,* 23 de junio de 2007. Acceso en línea:
https://www.vatican.va/content/benedict-xvi/es/speeches/2007/june/documents/hf_ben-xvi_spe_20070623_european-univ.html

BENEDICTO XVI, *Discurso a los participantes en la Asamblea General de la Academia Pontificia para la Vida,* 24 de febrero de 2007. Acceso en línea:
https://www.vatican.va/content/benedict-xvi/es/speeches/2007/february/documents/hf_ben-xvi_spe_20070224_academy-life.html

BENEDICTO XVI, *Discurso a los participantes en la Asamblea General de la Academia Pontificia para la Vida,* 13 de febrero de 2010. Acceso en línea:
https://www.vatican.va/content/benedict-xvi/es/speeches/2010/february/documents/hf_ben-xvi_spe_20100213_acdlife.html

BENEDICTO XVI, *Discurso a los participantes en la Asamblea General de la Academia Pontificia para la Vida,* 26 de febrero de 2011. Acceso en línea:
https://www.vatican.va/content/benedict-xvi/es/speeches/2011/february/documents/hf_ben-xvi_spe_20110226_accademia-vita.html

BENEDICTO XVI, *Discurso a los participantes en la Asamblea General de la Academia Pontificia para la Vida*, 25 de febrero de 2012. Acceso en línea:

https://www.vatican.va/content/benedict-xvi/es/speeches/2012/february/documents/hf_ben-xvi_spe_20120225_acdlife.html

BENEDICTO XVI, *Discurso a los participantes en la Asamblea Ordinaria de la Academia Pontificia para la Vida*, 21 de febrero de 2009. Acceso en línea:

https://www.vatican.va/content/benedict-xvi/es/speeches/2009/february/documents/hf_ben-xvi_spe_20090221_accademia-vita.html

BENEDICTO XVI, *Discurso a los participantes en la Asamblea Plenaria de la Congregación para la Doctrina de la Fe*, 10 de febrero de 2006. Acceso en línea:

https://www.vatican.va/content/benedict-xvi/es/speeches/2006/february/documents/hf_ben-xvi_spe_20060210_doctrine-faith.html

BENEDICTO XVI, *Discurso a los participantes en la Conferencia internacional sobre el genoma humano*, 19 de noviembre de 2005. Acceso en línea:

https://www.vatican.va/content/benedict-xvi/es/speeches/2005/november/documents/hf_ben_xvi_spe_20051119_pastorale-salute.html

BENEDICTO XVI, *Discurso a los participantes en la XVI Sesión Plenaria de la Academia Pontificia de las Ciencias Sociales,* 30 de abril de 2010. Acceso en línea:

https://www.vatican.va/content/benedict-xvi/es/speeches/2010/april/documents/hf_ben-xvi_spe_20100430_scienze-sociali.html

BENEDICTO XVI, *Discurso a los participantes en un Congreso internacional de farmacéuticos católicos*, 29 de octubre de 2007. Acceso en línea:

https://www.vatican.va/content/benedict-xvi/es/speeches/2007/october/documents/hf_ben-xvi_spe_20071029_catholic-pharmacists.html

BENEDICTO XVI, *Discurso a los participantes en un encuentro sobre la ley moral natural*, 12 de febrero de 2007. Acceso en línea:

https://www.vatican.va/content/benedict-xvi/es/speeches/2007/february/documents/hf_ben-xvi_spe_20070212_pul.html

BENEDICTO XVI, *Discurso a los participantes en una conferencia internacional sobre células madre*, 12 de noviembre de 2011. Acceso en línea:

https://www.vatican.va/content/benedict-xvi/es/speeches/2011/november/documents/hf_ben-xvi_spe_20111112_stem-cells.html

BENEDICTO XVI, *Discurso a los responsables de los medios de comunicación social, presentes en Roma para el Cónclave*, 23 de abril de 2005. Acceso en línea:

https://www.vatican.va/content/benedict-xvi/es/speeches/2005/april/documents/hf_ben-xvi_spe_20050423_giornalisti.html

BENEDICTO XVI, *Discurso a un congreso organizado por la Academia Pontificia para la Vida*, 27 de febrero de 2006. Acceso en línea:

https://www.vatican.va/content/benedict-xvi/es/speeches/2006/february/documents/hf_ben-xvi_spe_20060227_embrione-umano.html

BENEDICTO XVI, *Discurso a una delegación de la Academia de Ciencias Morales y Políticas de París*, 10 de febrero de 2007. Acceso en línea:

https://www.vatican.va/content/benedict-xvi/es/speeches/2007/february/documents/hf_ben-xvi_spe_20070210_academy-paris.html

BENEDICTO XVI, *Discurso en el concierto organizado por el Consejo Pontificio Justicia y Paz en el 60 aniversario de la Declaración Universal de Derechos Humanos*, 10 de diciembre de 2008. Acceso en línea:

https://www.vatican.va/content/benedict-xvi/es/speeches/2008/december/documents/hf_ben-xvi_spe_20081210_concerto.html

BENEDICTO XVI, *Discurso en el encuentro con representantes de la sociedad británica*, Westminster Hall - City of Westminster, 17 de septiembre de 2010. Acceso en línea:

https://www.vatican.va/content/benedict-xvi/es/speeches/2010/september/documents/hf_ben-xvi_spe_20100917_societa-civile.html

BENEDICTO XVI, *Discurso en el encuentro ecuménico*, Arzobispado de Colonia, 19 de agosto de 2005. Acceso en línea:

https://www.vatican.va/content/benedict-xvi/es/speeches/2005/august/documents/hf_ben-xvi_spe_20050819_ecumenical-meeting.html

BENEDICTO XVI, *Discurso en la ceremonia de apertura de la Asamblea Eclesial de la Diócesis de Roma*, 6 de junio de 2005. Acceso en línea:

https://www.vatican.va/content/benedict-xvi/es/speeches/2005/june/documents/hf_ben-xvi_spe_20050606_convegno-famiglia.html

BENEDICTO XVI, *Discurso en la inauguración del año judicial del Tribunal de la Rota Romana*, 26 de enero de 2013. Acceso en línea:

https://www.vatican.va/content/benedict-xvi/es/speeches/2013/january/documents/hf_ben-xvi_spe_20130126_rota-romana.html

BENEDICTO XVI, *Discurso en la visita al Campo de Concentración de Auschwitz*, Auschwitz-Birkenau, 28 de mayo de 2006. Acceso en línea:

https://www.vatican.va/content/benedict-xvi/es/speeches/2006/may/documents/hf_ben-xvi_spe_20060528_auschwitz-birkenau.html

BENEDICTO XVI, *La sal de la tierra. Cristianismo e Iglesia Católica ante el nuevo milenio. Una conversación con Peter Seewald*, Ediciones Palabra, Madrid, 1997.

BENEDICTO XVI, *Mensaje para la celebración de la XLIV Jornada mundial de la paz*, 1 de enero de 2011. Acceso en línea:

https://www.vatican.va/content/benedict-xvi/es/messages/peace/documents/hf_ben-xvi_mes_20101208_xliv-world-day-peace.html

BENEDICTO XVI, *Mi vida. Recuerdos 1927-1977*, Ediciones Encuentro, Madrid, 1997.

BENEDICTO XVI, *Regina Caeli*, 30 de abril de 2006. Acceso en línea:

https://www.vatican.va/content/benedict-xvi/es/angelus/2006/documents/hf_ben-xvi_reg_20060430.html

BENEDICTO XVI, *Visita al Parlamento Federal*, Reichstag, Berlín, 22 de septiembre de 2011. Acceso en línea:

https://www.vatican.va/content/benedict-xvi/es/spee-ches/2011/september/documents/hf_ben-xvi_spe_20110922_reichstag-berlin.html

RATZINGER, J., *Cristianismo. La victoria de la inteligencia sobre el mundo de las religiones*, Sorbona, París, 27 de noviembre de 1999. Acceso en línea:

https://ratzingerganswein.wordpress.com/2014/10/05/cardenal-joseph-ratzinger-cristianismo-la-victoria-de-la-inteli-gencia-sobre-el-mundo-de-las-religiones/

RATZINGER, J., *El elogio de la conciencia. La Verdad interro-ga al corazón*, Palabra, Madrid, 2020.

RATZINGER, J., *Homilía en la Misa Pro eligendo Pontífice*, 18 de abril de 2005. Acceso en línea:

https://www.vatican.va/gpII/documents/homily-pro-eli-gendo-pontifice_20050418_sp.html

RATZINGER, J., *La Iglesia: una comunidad siempre en cami-no*, San Pablo, Madrid, 2005.

RATZINGER, J., *Verdad, valores, poder: piedras de toque de la sociedad pluralista*, Rialp, Madrid, 1998.

6.2. Fuentes secundarias

AJA SÁNCHEZ, J. R., "Gaza, Sozomeno y los mártires cris-tianos de la época del emperador Juliano", *Polis: Revista de ideas y formas políticas de la Antigüedad clásica*, núm. 11, 1999, pp. 7-34.

ALBERT, M., "Relativismo ético, ¿absolutismo jurídico?, *Persona y Derecho*, núm. 61, 2009, pp. 33-52.

ARISTÓTELES, *Política*, Biblioteca Clásica Gredos, Ma-drid, 1988.

AYUSO, M., "Estado y conciencia", en VV. AA., (Ed. AYUSO, M.), *Estado, ley y conciencia*, Marcial Pons, Madrid, 2010, pp. 17-26.

BELTRÁN AGUIRRE, J. L., "El registro de los profesionales sanitarios objetores de conciencia. Cuestiones en torno a su constitucionalidad con motivo del recurso de inconstitucionalidad formulado contra la Ley Foral 16/2010, de 8 de noviembre, que crea un Registro de profesionales objetores de conciencia a realizar la IVE", *Revista Jurídica de Navarra*, julio-diciembre 2011, núm. 52.

BLANCH NOUGUÉS, J. M., "*Ius, iustitia* y persona: a propósito de la pregunta antropológica", *Revista General de Derecho Romano*, vol. 10, 2008, pp. 1-19.

BLÁZQUEZ MARTÍNEZ, J. M., "Los cristianos contra la milicia imperial. La objeción de conciencia en el cristianismo primitivo", *Historia*, vol. 16, núm. 154, 1989, pp. 68-76. Edición digital de la Biblioteca Virtual Miguel de Cervantes. Acceso en línea: https://www.cervantesvirtual.com/descargaPdf/los-cristianos-contra-la-milicia-imperial-la-objecin-de-conciencia-en-el-cristianismo-primitivo-0/

BOECIO, *Sobre la persona y las dos naturalezas*, en FERNÁNDEZ, C., *Los filósofos medievales. Selección de textos*, Biblioteca de Autores Cristianos, Madrid, 1979.

CAÑAL GARCÍA, F. J., "Perspectiva jurídica de la objeción de conciencia del personal sanitario", *Cuadernos de Bioética*, vol. 5, núm. 19, 1994, pp. 221-229.

CAPODIFERRO CUBERO, D., *La objeción de conciencia a la interrupción del embarazo*, Centro de Estudios Políticos y Constitucionales, Madrid, 2015.

CASTELLANO, D., "Estado, ley y conciencia", en VV. AA., (Ed. AYUSO, M.), *Estado, ley y conciencia*, Marcial Pons, Madrid, 2010, pp. 199-220.

CATECISMO DE LA IGLESIA CATÓLICA. Acceso en línea:
https://www.vatican.va/archive/catechism_sp/p3s-1c1a6_sp.html#I%20El%20dictamen%20de%20la%20conciencia

COMISIÓN DEONTOLÓGICA DEL ILUSTRE COLEGIO OFICIAL DE MÉDICOS DE MADRID, *Documento de posicionamiento. La objeción de conciencia en la profesión médica*, 5 de enero de 2033. Acceso en línea:
https://www.icomem.es/adjuntos/adjunto_4310.1672836071.pdf

COMISIÓN DEONTOLÓGICA DEL ILUSTRE COLEGIO OFICIAL DE MÉDICOS DE MADRID, *Informe*. Acceso en línea:
https://www.icomem.es/adjuntos/adjunto_3228.1626601908.pdf

COMITÉ DE BIOÉTICA DE ESPAÑA, *Informe sobre la objeción de conciencia en relación con la prestación de la ayuda para morir en la Ley Orgánica reguladora de la eutanasia*, 2021. Acceso en línea:
http://assets.comitedebioetica.es/files/documentacion/Informe%20CBE%20sobre%20la%20Objecion%20de%20Conciencia.pdf

CONFERENCIA EPISCOPAL ESPAÑOLA, *Nota doctrinal sobre la objeción de conciencia*, 8-9 de marzo de 2022. Acceso en línea:

https://www.conferenciaepiscopal.es/wp-content/uploads/2022/03/Nota-doctrinal-sobre-la-objecion-de-conciencia.pdf

CONGREGACIÓN PARA LA DOCTRINA DE LA FE, *Instrucción Donum vitae sobre el respeto de la vida humana naciente y la dignidad de la procreación.* Acceso en línea:
https://www.vatican.va/roman_curia/congregations/cfaith/documents/rc_con_cfaith_doc_19870222_respect-for-human-life_sp.html

CONGREGACIÓN PARA LA DOCTRINA DE LA FE, *Nota doctrinal sobre algunas cuestiones relativas al compromiso y la conducta de los católicos en la vida política.* Acceso en línea:
https://www.vatican.va/roman_curia/congregations/cfaith/documents/rc_con_cfaith_doc_20021124_politica_sp.html

CONSEJO GENERAL DE COLEGIOS OFICIALES DE MÉDICOS, *Código de Deontología médica*, julio 2011. Acceso en línea:
https://www.cgcom.es/sites/main/files/files/2022-03/codigo_deontologia_medica.pdf

Constitución pastoral Gaudium et spes sobre la Iglesia en el mundo actual. Acceso en línea:
https://www.vatican.va/archive/hist_councils/ii_vatican_council/documents/vat-ii_const_19651207_gaudium-et-spes_sp.html

CONTRERAS PELÁEZ, F. J., "Benedicto XVI y la verdad", *Revista de Libros*, 15 de febrero de 2023. Acceso en línea:
https://www.revistadelibros.com/benedicto-xvi-y-la-verdad/

CUENCA, A., "Objeción de conciencia: reflexión ética", *Anuario de Filosofía del Derecho*, núm. 12, 1995, pp. 217-238.

DE LA FUENTE RUBIO, E., "Democracia y desobediencia civil: objeción de conciencia", *Revista de la Facultad de Derecho de la Universidad Complutense*, núm. 83, 1993-1994, pp. 97-118.

Declaración Dignitatis humanae sobre la libertad religiosa. Acceso en línea:

https://www.vatican.va/archive/hist_councils/ii_vatican_council/documents/vat-ii_decl_19651207_dignitatis-humanae_sp.html

DEL MORAL GARCÍA, A., "Objeción de conciencia: líneas maestras de su regulación legal y jurisprudencial", en VV. AA., (Coord.: Tomás y Garrido, G.), *Entender la objeción de conciencia*, Jornadas de Bioética de la Universidad Católica San Antonio, 2011, Murcia, pp. 29-90.

DEMAN, T., *La prudencia. Notas doctrinales tomistas*, Gaudete, Navarra, 2012.

DIETERLEN STRUCK, P., "La objeción de conciencia", *Revista CODHEM*, marzo-abril 2022, pp. 69-77.

DIP, R., "Prudencia judicial y conciencia", en VV. AA., (Ed. AYUSO, M.), *Estado, ley y conciencia*, Marcial Pons, Madrid, 2010, pp. 67-88.

ESPINAL MANZANARES, J., "La objeción de conciencia a los tratamientos médicos", *Revista Parlamentaria de la Asamblea de Madrid*, núm. 10, 2004, pp. 35-38.

FALCÓN Y TELLA, M. J., "Libertad ideológica y objeción de conciencia", *Persona y Derecho: revista de fundamentación de las instituciones jurídicas*, Facultad de Derecho, Universidad de Navarra, núm. 44, 2001, pp. 173-217.

FRIVALDSZKY, J., "La objeción de conciencia y la doctrina de la Iglesia Católica", en VV. AA., (Ed. AYUSO, M.), *Estado, ley y conciencia*, Marcial Pons, Madrid, 2010, pp. 187-198.

GONZÁLEZ-VARAS IBÁÑEZ, A., *Derecho y conciencia en las profesiones sanitarias*, Dykinson, Madrid, 2009.

ILUSTRE COLEGIO OFICIAL DE MÉDICOS DE MADRID, *Documento de posicionamiento. La objeción de conciencia en la profesión médica*, 2023. Acceso en línea: https://www.icomem.es/adjuntos/adjunto_4310.1672836071.pdf

JUAN PABLO II, *Carta Encíclica Evangelium Vitae a los a los obispos, a los sacerdotes y diáconos, a los religiosos y religiosas, a los fieles laicos y a todas las personas de buena voluntad sobre el valor y el carácter inviolable de la vida humana*, 25 de marzo de 1995. Acceso en línea: https://www.google.com/url?q=https://www.vatican.va/content/john-paul-ii/es/encyclicals/documents/hf_jp-ii_enc_25031995_evangelium-vitae.html&sa=D&source=docs&ust=1679774869762962&usg=AOvVaw1mhRC4E-QrjlNJn1Dinz0FY

JUAN PABLO II, *Carta Encíclica Veritatis splendor a todos los obispos de la Iglesia católica sobre algunas cuestiones fundamentales de la enseñanza moral de la Iglesia*, 6 de agosto de 1993. Acceso en línea:
https://www.vatican.va/content/john-paul-ii/es/encyclicals/documents/hf_jp-ii_enc_06081993_veritatis-splendor.html

JUSTINIANO, *Cuerpo del Derecho Civil Romano*, GARCÍA DEL CORRAL, I. (trad.), Consejo de Ciento, Barcelona, 1889.

KELSEN, H., *Teoría pura del Derecho*, Eudeba, Buenos Aires, 2009.

KRISKOVICH DE VARGAS, E., *La objeción de conciencia como derecho humano fundamental: en materia de bioética y bioderecho*, Libreria Editrice Vaticana, Roma, 2015.

LEÓN CORREA, F. J., "Fundamentos ético-jurídicos de la objeción de conciencia de los profesionales de la salud", *Revista CONAMED*, vol. 10, núm. 1, enero-marzo 2007, pp. 3-8.

LLANO, A., *Gnoseología*, Ediciones Universidad de Navarra, Pamplona, 1991.

LOBATO, A., *Ser y belleza*, Unión Editorial, Madrid, 2005.

LUCAS LUCAS, R., *El hombre espíritu encarnado. Compendio de Filosofía del hombre,* Ediciones Sígueme, segunda edición, Salamanca, 1999.

LUCAS LUCAS, R., *Explícame la persona*, Pontificio Instituto Juan Pablo II para la Familia, Méjico, 2016.

MACEIRAS RODRÍGUEZ, P. M., "La objeción de conciencia en relación con tratamientos e intervenciones médicas", *Actualidad Jurídica Aranzadi*, núm. 756, 2008, pp. 1-11.

MACIOCE, F., "La objeción de conciencia", en VV. AA., (Ed. AYUSO, M.), *Estado, ley y conciencia*, Marcial Pons, Madrid, 2010, pp. 177-186.

MARABEL MATOS, J., "La creación de registros de profesionales médicos objetores de conciencia conforme a la jurisprudencia ordinaria y constitucional", *Revista española de Derecho Administrativo*, núm. 174, octubre-diciembre 2015, pp. 365-386.

MARTÍN DE AGAR, J. T., "Problemas jurídicos de la objeción de conciencia", *Schripta Theologica*, vol. 27, núm. 2, 1995, pp. 519-543.

MARTÍNEZ LEÓN, M. y RABADÁN JIMÉNEZ, J., "La objeción de conciencia de los profesores sanitarios en la ética y deontología", *Cuadernos de Bioética*, vol. XXI, núm. 2, mayo-agosto 2010, pp. 199-210.

MARTÍNEZ-TORRÓN, J., "Las objeciones de conciencia de los católicos", *Revista General de Derecho Canónico y Derecho Eclesiástico del Estado*, núm. 9, 2005, pp. 1-35.

Martirologio Romano, Editorial Apostolado de la Prensa, Madrid, 1953.

MEDINA CASTELLANO, C. D., "Objeción de conciencia sanitaria en España. Naturaleza y ejercicio", *Derecho PUCP. Revista de la Facultad de Derecho*, núm. 69, julio-noviembre 2012, pp. 201-223.

MONTESQUIEU, *El espíritu de las leyes*, Librería General de Victoriano Suárez, Madrid, 1906.

MUÑOZ LÓPEZ, C. A., "Aplicación de la teoría de la desobediencia civil y la objeción de conciencia de Rawls", *Revista Academia & Derecho*, vol. 6, núm. 10, 2015, pp. 273-311.

ORGANIZACIÓN COLEGIAL DE ENFERMERÍA, *Código Deontológico de la Enfermería española*. Acceso en línea: http://www.ee.lafe.san.gva.es/pdfs/codigodeontologicoesp.pdf

ORÍGENES, *Contra Celso*, Biblioteca de Autores Cristianos, Madrid, 1967.

ORTEGA GUTIÉRREZ, D., "La objeción de conciencia en el ámbito sanitario", *Revista de Derecho Político*, núm. 45, 1999, pp. 105-147.

PABLO VI, *Mensaje a los hombres del pensamiento y de la ciencia. Clausura del Concilio Ecuménico Vaticano II*, 8 de diciembre de 1965. Acceso en línea:

https://www.vatican.va/content/paul-vi/es/speeches/1965/documents/hf_p-vi_spe_19651208_epilogo-concilio-intelletuali.html

PALOMO PINEL, C. M., "En busca de los orígenes del derecho a la objeción de conciencia: belicismo, conquista y milicia en los primeros siglos del cristianismo", en VV. AA., (Dir.: Fernández de Buján, A.), *Hacia un Derecho Administrativo y Fiscal Romano*, vol. II, Dykinson, Madrid, 2013, pp. 85-109.

PINILLOS DÍAZ, J. L., *Las funciones de la conciencia*, discurso leído en el día 15 de noviembre de 1983 en el acto de su recepción pública como académico de número, Real Academia de Ciencias Morales y Políticas, Madrid, 1983.

PLATÓN, *Diálogos, II. Gorgias, Menéxeno, Eutidemo, Menón, Crátilo*, Biblioteca Clásica Gredos, Madrid, 1987.

RAWLS, J., *Teoría de la Justicia*, Fondo de Cultura Económica, México DF, 1978.

RODRÍGUEZ-PIÑERO y BRAVO-FERRER, M., "Título preliminar", en VV. AA., *Comentarios a la Constitución Española*, tomo I, Fundación Wolters Kluwer, Boletín Oficial del Estado, Tribunal Constitucional y Ministerio de Justicia, Madrid, 2018, pp. 13-28.

RUIZ MIGUEL, A., "La libertad de pensamiento", en VV. AA., *Comentarios a la Constitución Española*, tomo I, Fundación Wolters Kluwer, Boletín Oficial del Estado, Tribunal Constitucional y Ministerio de Justicia, Madrid, 2018, pp. 413-431.

RUIZ-BURSÓN, F. J., "La regulación de la objeción de conciencia en la Ley Orgánica 2/2010, de 3 de marzo, de Salud Sexual y Reproductiva y de Interrupción Voluntaria del Embarazo", *Persona y Derecho*, núm. 63, vol. 2, 2010, pp. 163-196.

SACKS, O., El río de la conciencia, Anagrama, 2019. Acceso en línea:
https://es.scribd.com/book/395900273/El-rio-de-la-conciencia

Sagrada Biblia, CONFERENCIA EPISCOPAL ESPAÑOLA, Biblioteca de Autores Cristianos. Acceso en línea: https://www.conferenciaepiscopal.es/biblia/

SANTAMARÍA IBEAS, J. J., "Los orígenes de la objeción de conciencia y la desobediencia civil. H. D. Thoreau", en VV. AA. (Coord.: Dorado Porras, J.), *Historia de los derechos fundamentales*, vol. 3, tomo 2, 2007, pp. 943-972.

SARTEA, C., "¿Qué objeción? ¿Qué conciencia? Reflexiones acerca de la objeción de conciencia y su fundamentación conceptual", *Cuadernos de Bioética*, vol. XXIV, núm. 3, 2013, pp. 391-397.

SCHOOYANS, M., "Objeción de conciencia en materia de salud: el caso de los políticos", en CONSEJO PONTIFICIO PARA LA FAMILIA, *Lexicón. Términos ambiguos y discutidos sobre familia, vida y cuestiones éticas*, Palabra, Madrid, 2004.

SEOANE, J. A., "Objeción de conciencia positiva", *Revista de Bioética y Derecho*, núm. 32, septiembre 2014, pp. 34-45.

SIMÓN YARZA, F., "¿Exención de un deber de abortar? Sobre el registro navarro de objetores y el significado de la objeción de conciencia", *Revista Jurídica de Navarra*, julio-diciembre 2014, núm. 58, pp. 159-180.

SÓFOCLES, *Antígona*, Biblioteca Clásica Gredos, Madrid, 2021.

SORDI, M., *Los cristianos y el Imperio Romano*, Encuentro, Madrid, 1988.

SPAEMANN, R., Ética: cuestiones fundamentales, Eunsa, Pamplona, 1988.

SUÁREZ FERNÁNDEZ, L., *La conversión de Roma*, Libros MC, Madrid, 1987.

SUETONIO, *Vida de los doce Césares*, AGUDO, R. (trad.), Biblioteca clásica núm. 167, Gredos, Madrid, 1992.

TEJA, R., *El cristianismo primitivo en la sociedad romana*, Itsmo, Madrid, 1990.

THOREAU, H. D., *Desobediencia civil y otros escritos*, Epublibre. Acceso en línea:
https://www.solidaridadobrera.org/ateneo_nacho/libros/Henry%20David%20Thoreau%20-%20Desobediencia%20civil.pdf

TOMÁS DE AQUINO, *Cuestiones disputadas sobre la verdad*, tomo I, Eunsa, Navarrra, 2016. Acceso en línea:
https://archive.org/details/cuestiones-disputadas-sobre-la-verdad-santo-tomas-de-aquino-tomo-1_202107/page/n3/mode/2up?q=reflexi%C3%B3n

TOMÁS DE AQUINO, *Suma de Teología*, Biblioteca de Autores Cristianos, Madrid, 2001. Acceso en línea:
https://www.dominicos.org/media/uploads/recursos/libros/suma/2.pdf

VILLAVERDE MENÉNDEZ, I., "La libertad de expresión", en VV. AA., *Comentarios a la Constitución Española*, tomo I, Fundación Wolters Kluwer, Boletín Oficial del Estado, Tribunal Constitucional y Ministerio de Justicia, Madrid, 2018, pp. 581-616.

VV. AA. (Coord.: Agejas Esteban, J. A.), *La tarea de ser mejor. Curso de Ética*, Universidad Francisco de Vitoria, Madrid, 2007.

VV. AA. (Dir.: Sancho Gargallo, I.), *Objeción de conciencia y función pública*, Consejo General del Poder Judicial, Madrid, 2007.

6.3. Leyes citadas

- *Código Civil*, aprobado por *Real Decreto de 24 de julio de 1889*. Acceso en línea: https://www.boe.es/buscar/act.php?id=-BOE-A-1889-4763
- *Constitución Española*. Acceso en línea: https://www.boe.es/buscar/act.php?id=BOE-A-1978-31229
- *Ley 14/1986, de 25 de abril, General de Sanidad*. Acceso en línea: https://www.boe.es/buscar/act.php?id=-BOE-A-1986-10499#:~:text=Los%20poderes%20p%C3%-BAblicos%20orientar%C3%A1n%20sus,y%20158.1%20de%20la%20Constituci%C3%B3n
- *Ley 22/1998, de 6 de julio, reguladora de la Objeción de Conciencia y de la Prestación Social Sustitutoria*. Acceso en línea: https://www.boe.es/buscar/act.php?id=BOE-A-1998-16132
- *Ley 17/1999, de 18 de mayo, de Régimen del Personal de las Fuerzas Armadas*. Acceso en línea: https://www.boe.es/buscar/doc.php?id=BOE-A-1999-11194
- *Ley Orgánica 1/2008, de 30 de julio, por la que se autoriza la ratificación por España del Tratado de Lisboa, por el que se modifican el Tratado de la Unión Europea y el Tratado Constitutivo de la Comunidad Europea, firmado en la capital portuguesa el 13 de diciembre de 2007*. Acceso en línea: https://www.boe.es/buscar/pdf/2008/BOE-A-2008-13033-consolidado.pdf

- *Ley Orgánica 2/2010, de 3 de marzo, de salud sexual y reproductiva y de la interrupción voluntaria del embarazo.* Acceso en línea: https://www.boe.es/buscar/act.php?id=BOE-A-2010-3514
- *Ley Orgánica 3/2021, de 24 de marzo, de regulación de la eutanasia.* Acceso en línea: https://www.boe.es/diario_boe/txt.php?id=-BOE-A-2021-4628
- *Ley Orgánica 1/2023, de 28 de febrero, por la que se modifica la Ley Orgánica 2/2010, de 3 de marzo, de salud sexual y reproductiva y de la interrupción voluntaria del embarazo.* Acceso en línea: https://www.boe.es/buscar/doc.php?id=BOE-A-2023-5364

6.4. Jurisprudencia citada

- Sentencia del Tribunal Constitucional 15/1982, de 23 de abril. Acceso en línea: https://www.boe.es/buscar/doc.php?id=BOE-T-1982-11457
- Sentencia del Tribunal Constitucional 53/1985, de 11 de abril. Acceso en línea: https://www.boe.es/buscar/doc.php?id=BOE-T-1985-9096
- Sentencia del Tribunal Constitucional 160/1987, de 27 de octubre. Acceso en línea: https://www.boe.es/buscar/doc.php?id=BOE-T-1987-25336
- Sentencia del Tribunal Constitucional 161/1987, de 27 de octubre. Acceso en línea: https://www.boe.es/buscar/doc.php?id=BOE-T-1987-25337
- Sentencia del Tribunal Constitucional 145/2015, de 25 de junio. Acceso en línea: https://www.boe.es/buscar/doc.php?id=-BOE-A-2015-8639

Últimos títulos publicados

(www.editorialdidaskalos.org)

Suscríbase en nuestra web para recibir las mejores promociones

Didaskalos Pedagogía

Didaskalos Profamilia

Didaskalos Literatura